中学英単語 カードスタイル

CARD STYLE

Gakken

この本の特長

自分だけの暗記カードにできる！

この本はオモテ面とウラ面で対の構成になっています。ミシン目で切り取って，付属のリングでとめれば，どこにでも持ち運びのできる暗記カードになります。

必要なカードを抜き出して，学校の行き帰りや休み時間などのすきま時間に，重要単語の確認をしましょう。

目標に応じたレベル別構成

この本の英単語は，入試に出るランクの高い順に５つのレベルに分かれています。※「まとめてCheck!」にはレベルはありません。

「最重要レベル」,「基本レベル」,「標準レベル」の３つのレベルは，めざす高校にかかわらず，すべての人が必ず学習すべき部分です。進学校をめざす人は，「高得点レベル」の単語まで必ず学習してください。難関有名私立・国立校（中学校の教科書で学習する内容を超えた発展的な内容の問題が多く出題されるような高校）を受験する人は，「超ハイレベル」の単語まで学習しましょう。

目標	最重要レベル	基本レベル	標準レベル	高得点レベル	超ハイレベル
標準	必修			得点アップ	
進学校	必修				
難関国私立	必修				得点アップ

この本の記号と表記

- 語形変化

過…動詞の過去形，過去分詞　比…形容詞・副詞の比較級，最上級
3単現…動詞の３人称単数・現在形　ing形…動詞のing 形

- 品詞

名…名詞（または名詞の働きをする語句）　代…代名詞　形…形容詞　接…接続詞
動…動詞　副…副詞　助…助動詞　前…前置詞

- 発音記号

発音記号は，教科書や辞書によって表記が異なる場合があります。また，本書でのカタカナによる発音表記は発音記号に慣れるまでの手がかりとして参考にしてください。特にアクセントを注意したい単語にはアクセント位置に▼のマークをつけています。

この本の構成

オモテ面が単語と例文，ウラ面が和訳になっています。オモテ面・ウラ面のどちらからでも確認できます。

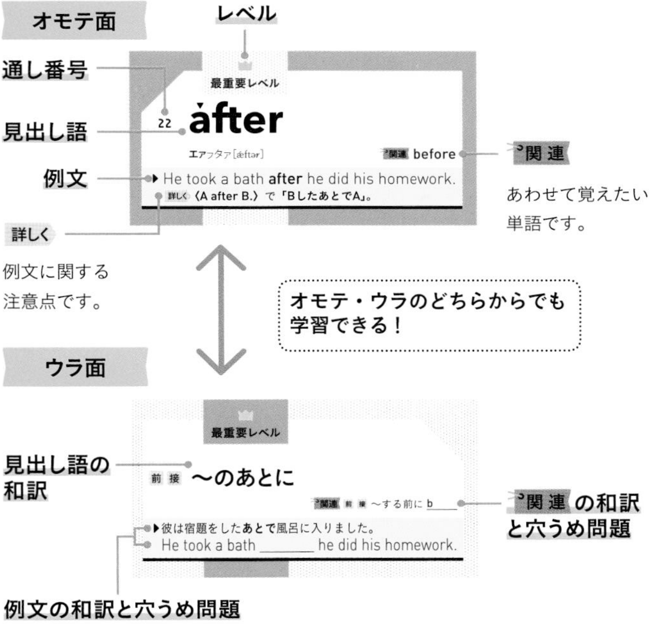

オモテ面
レベル
通し番号
最重要レベル
22 after
見出し語
エアフタァ［ǽftər］
関連 before
関連
あわせて覚えたい単語です。
例文
▶ He took a bath after he did his homework.
詳しく 〈A after B.〉で「BしたあとでA」。
詳しく
例文に関する注意点です。
オモテ・ウラのどちらからでも学習できる！
ウラ面
最重要レベル
見出し語の和訳
前 接 〜のあとに
関連 前 接 〜する前に b____
関連 の和訳と穴うめ問題
▶彼は宿題をしたあとで風呂に入りました。
He took a bath ______ he did his homework.
例文の和訳と穴うめ問題

カードの上手な切り取り方

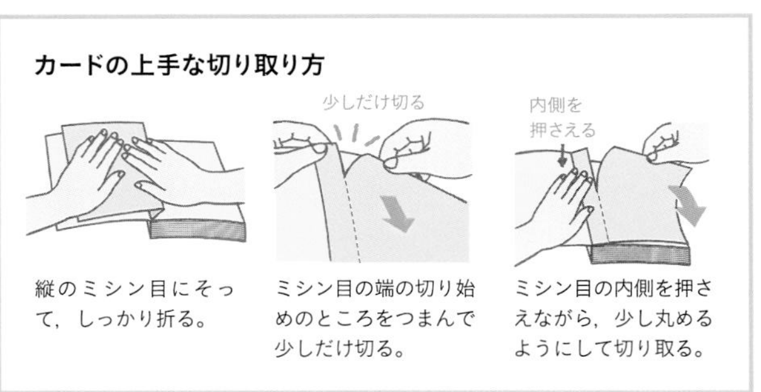

縦のミシン目にそって，しっかり折る。

少しだけ切る

ミシン目の端の切り始めのところをつまんで少しだけ切る。

内側を
押さえる

ミシン目の内側を押さえながら，少し丸めるようにして切り取る。

CONTENTS

高校入試ランク順 中学英単語 カードスタイル

ここでは，曜日や月などのまとめて覚えたい名詞や，動詞・形容詞の語形変化が確認できます。動詞の語形変化カードのウラ面は，原形ー過去形ー過去分詞の順に表記しています。オモテ面の単語を見て順番に言うなどの練習をしましょう。

中学英単語 カードスタイル さくいん

※この本に出てくる見出し語 675 語をアルファベット順に配列しています。
※数字はカードの通し番号です。
※巻末の「まとめて Check!」カードは掲載していません。

最重要レベル

1 **like**

ライク[laik]

would like to ～で「～したい」の意味。

▶ I want to be a player **like** him.

詳しく 前置詞で**「～のような」「～に似た」**の意味。

最重要レベル　発音　つづり

2 **people**

ピーポゥ[pí:pl]

▶ A lot of **people** visit Kyoto every year.

最重要レベル

3 **there**

ゼアァ[ðeər]

関連 here

▶ **There** are a lot of children in the park.

詳しく There is[are]～. で**「～がある[いる]」**の意味。

最重要レベル

4 **when**

ｈウェン[hwen]

▶ **When** I was a child, I lived in Tokyo.

詳しく 〈When A, B.〉か〈B when A.〉で**「AのときB」**。

最重要レベル

5 **so**

ソウ[sou]

so ～ that …で「とても～なので…」の意味。

▶ I was **so** tired **that** I couldn't help him.

最重要レベル

6 **want**

ワーント[want]

▶ I **want** you to come over again.

詳しく 〈want 人 to ～〉で**「(人)に～してほしい」**。

最重要レベル

7 **make**

メイク[meik]

過 made - made

▶ Her songs **make** us happy.

詳しく 〈make A B〉で**「AをBにする」**。

最重要レベル

8 **get**

ゲット[get]

過 got - gotten[got]

▶ How can I **get** to the post office?

詳しく get to ～で**「～に着く」**の意味。

最重要レベル

9 **take**

テイク[teik]

過 took - taken

▶ I **took** him to the zoo last Saturday.

詳しく take 人 to ～で**「(人)を～に連れていく」**。

最重要レベル

副 **そこに, そこで**

関連 副 ここに h______

▶公園にはたくさんの子どもたち**がいます**。
______ are a lot of children in the park.

最重要レベル

発音 つづり

名 **人々**

▶たくさんの**人々**が毎年京都を訪れます。
A lot of ______ visit Kyoto every year.

最重要レベル

動 **～が好きだ**
前 **～のような**

▶私は彼**のような**選手になりたい。
I want to be a player ______ him.

最重要レベル

動 **～がほしい**

▶私はあなたにまた来て**もらいたいです**。
I ______ you to come over again.

最重要レベル

副 **そんなに, そのように**
接 **だから**

▶私は**とても**疲れていた**ので**，彼を手伝えませんでした。
I was ______ tired **that** I couldn't help him.

最重要レベル

副 **いつ**
接 **～するとき**

▶私は子ども**のとき**，東京に住んでいました。
______ I was a child, I lived in Tokyo.

最重要レベル

動 **～を(手に)取る, ～を連れて[持って]いく**

▶私はこの前の土曜日，彼を動物園に**連れていきました**。
I ______ him to the zoo last Saturday.

最重要レベル

動 **～を得る, 手に入れる**

▶どうやって郵便局へ**行く**ことができますか。
How can I ______ to the post office?

最重要レベル

動 **～を作る, AをBにする**

▶彼女の歌は私たちを幸せ**にしてくれます**。
Her songs ______ us happy.

最重要レベル

10 **look**

ルック[luk]

▶ She **looks** happy.

詳しく〈look 形容詞〉で「〜に見える」。

最重要レベル

11 **if**

イフ[if]

if〜の中では，未来のことも**現在形**で表す。

▶ **If** it rains tomorrow, I'll stay home.

詳しく〈If A, B.〉か〈B if A.〉で「もしAならばB」。

最重要レベル

12 **thing**

スィング[θiŋ]

▶ He has a lot of **things** to do today.

最重要レベル

発音

13 **because**

ビコーズ[bikɔ́ːz]

▶ I'm happy **because** I can talk with her.

詳しく〈A because B.〉で「BなのでA」。

最重要レベル

14 **other**

アザァ[ʌ́ðər]

▶ Some like cats, and **others** like dogs.

詳しく othersで「ほかの人たち」の意味。

最重要レベル

15 **well**

ウェゥ[wel]

比 better - best

▶ You'll get **well** soon.

詳しく get wellで「(体調などが) よくなる」。

最重要レベル

16 **tell**

テゥ[tel]

過 told - told

▶ He **told** me to clean the room.

詳しく tell 人 to〜で「(人) に〜するように言う」。

最重要レベル

つづり

17 **friend**

フレンド[frend]

関連 friendly

▶ Tom is a **friend** of mine.

最重要レベル

18 **too**

トゥー[tuː]

▶ This question is **too** difficult to solve.

詳しく too … to〜で「…すぎて〜できない」。

最重要レベル

名 **こと, もの**

▶彼にはきょうする**こと**がたくさんあります。
He has a lot of _______ to do today.

最重要レベル

接 **もし〜ならば**

▶**もし**あす雨**なら**，私は家にいます。
_______ it rains tomorrow, I'll stay home.

最重要レベル

動 **見る, 〜に見える**

▶彼女は幸せそう**に見えます。**
She _______ happy.

最重要レベル

副 **じょうずに, よく**
間 **(会話をつないで)ええと**

▶あなたはすぐに**よく**なるでしょう。
You'll get _______ soon.

最重要レベル

形 **ほかの**

▶ねこが好きな人もいれば，犬が好きな**人もいます。**
Some like cats, and _______ like dogs.

最重要レベル　発音

接 **なぜなら〜だから**

▶私は彼女と話せる**ので**，うれしいです。
I'm happy _______ I can talk with her.

最重要レベル

副 **〜もまた, 〜すぎる**

▶この問題は難し**すぎて**解けません。
This question is _______ difficult to solve.

最重要レベル　つづり

名 **友人, 友達**

関連 形 友好的な f_____

▶トムは私の**友達**の1人です。
Tom is a _______ of mine.

最重要レベル

動 **〜を伝える**

▶彼は私に部屋をそうじするように**言いました。**
He _______ me to clean the room.

最重要レベル　発音

19 talk

トーク[tɔːk]

▶ I want to **talk** with foreign people.

詳しく talk with ～で「～と話す」。

最重要レベル

20 lot

ラート[lɑt]

▶ I have **a lot of** things to do today.

詳しく a lot of ～ で「たくさんの～」という意味。

最重要レベル

21 thank

セアンク[θæŋk]

▶ **Thank** you for your e-mail.

詳しく Thank you for ～.で「～をありがとう」。

最重要レベル

22 after

エアフタア[ǽftər]　関連 before

▶ He took a bath **after** he did his homework.

詳しく〈A after B.〉で「BしたあとでA」。

最重要レベル

23 or

オーア[ɔːr]　関連 and

▶ Which do you like better, red **or** blue?

詳しく〈A or B〉で「AかB」。

最重要レベル

24 help

ヘウプ[help]

▶ May I **help** you?

詳しく 店員が客に言う決まり文句。

最重要レベル　発音

25 work

ワ～ク[wəːrk]

名詞の work は数えられない名詞。

▶ **work** for sick people

最重要レベル

26 find

ファーインド[faind]　過 found - found

▶ You'll **find** the book interesting.

詳しく〈find A B〉で「AがBだとわかる」。

最重要レベル

27 give

ギヴ[giv]　過 gave - given

give up で「あきらめる」の意味。

▶ My father **gave** me a book.

詳しく My father **gave** a book **to** me. とも言える。

最重要レベル

動 **～に感謝する**

▶メール を**ありがとう**。
_______ you for your e-mail.

最重要レベル

動 **～を手伝う, 助ける**
名 **助け**

▶**お手伝いし**ましょうか。
May I _______ you?

最重要レベル

動 **～を与える**

▶父は私に本を**くれました**。
My father _______ me a book.

最重要レベル

名 **たくさん**

▶私はきょう，することが**たくさん**あります。
I have __ __ __ things to do today.

最重要レベル

接 **～または…**

関連 接 ～と… a ____

▶赤**と**青**とでは**，どちらのほうが好きですか。
Which do you like better, red _______ blue?

最重要レベル

動 **～を見つける**

▶あなたはその本がおもしろい**とわかる**でしょう。
You'll _______ the book interesting.

最重要レベル　発音

動 **話す**

▶私は外国の人たちと**話し**たいです。
I want to _______ with foreign people.

最重要レベル

前 接 **～のあとに**

関連 前 接 ～する前に b ____

▶彼は宿題をした**あとで**風呂に入りました。
He took a bath _______ he did his homework.

最重要レベル　発音

動 **働く**
名 **仕事**

▶病気の人たちのために**働く**
_______ for sick people

最重要レベル

28 learn

ラ〜ン [lə:rn]

learn about ～ で「～について学ぶ」。

▶ I **learned** how to use a computer.

最重要レベル　発音　つづり

29 right

ラーイト [rait]

名詞で「**権利**」という意味もある。

関連 left

▶ turn **right** at the next light

最重要レベル

30 àlso

オーゥソウ [ɔ́:lsou]

関連 too

▶ I hear you like dogs. I **also** like dogs.

詳しく ふつう一般動詞の前やbe動詞・助動詞のあとにくる。

最重要レベル

31 enjòy

インヂョーイ [indʒɔ́i]

▶ We **enjoyed** talking with them.

詳しく enjoy ～ingで「**～するのを楽しむ**」。

最重要レベル

32 here

ヒアァ [hiər]

関連 there

▶ **Here** you are.

最重要レベル

33 old

オウゥド [ould]

関連 new

▶ How **old** is your school?

詳しく **It's fifty years old.**(50年です。)などと答える。

最重要レベル

34 home

ホウム [houm]

get homeで「**家に着く，帰宅する**」。

▶ eat dinner at **home**

最重要レベル

35 pìcture

ピクチャ [piktʃər]

関連 photo

▶ Let's take a **picture** here.

詳しく **take a picture**で「**写真を撮る**」の意味。

最重要レベル　つづり

36 còuntry

カントリ [kʌ́ntri]

複 countries

▶ live in a foreign **country**

最重要レベル

副 **〜もまた**

関連 副 〜もまた t____

▶あなたは犬が好きだと聞いています。私**も**犬が好きです。
I hear you like dogs. I ______ like dogs.

最重要レベル

形 **古い, 年とった**

関連 形 新しい n____

▶あなたの学校は**創立何年**ですか。
How ______ is your school?

最重要レベル　つづり

名 **国**

▶外**国**に住む
live in a foreign ______

最重要レベル　発音　つづり

形 **右の, 正しい**
副 **右に**

関連 形 副 左の, 左に l____

▶次の信号で**右に**曲がる
turn ______ at the next light

最重要レベル

副 **ここに**

関連 副 そこに t____

▶（物を手渡して）**はい, どうぞ。**
______ you are.

最重要レベル

名 **写真, 絵**

関連 名 写真 ph____

▶ここで**写真**を撮りましょう。
Let's take a ______ here.

最重要レベル

動 **〜を習い覚える**

▶私はコンピューターの使い方**を学びました。**
I ______ how to use a computer.

最重要レベル

動 **〜を楽しむ**

▶私たちは彼らと話をして**楽しみました。**
We ______ talking with them.

最重要レベル

名 **家, 家庭**
副 **家に, 家へ**

▶**家**で夕食を食べる
eat dinner at ______

最重要レベル

37 leave

リーヴ [liːv]

leave for ～ で「～に向かって出発する」の意味。

過 left - left

▶ Can I **leave** a message?

最重要レベル

38 next

ネクスト [nekst]

関連 last

▶ The shop is **next** to the hospital.

詳しく next to ～で「～のとなりに」。

最重要レベル

39 ask

エァスク [æsk]

関連 answer

▶ Could you **ask** him to call me?

詳しく ask 人 to ～で「(人)に～するように頼む」。

最重要レベル

40 last

レァスト [læst]

at lastで「ついに，とうとう」の意味。

関連 next

▶ I visited Okinawa **last year**.

最重要レベル

発音

41 word

ワ～ド [wəːrd]

▶ She was surprised to hear his **words**.

最重要レベル

42 start

スタート [stɑːrt]

関連 begin

▶ He **started** to study Japanese.

詳しく start to ～で「～し始める」。

最重要レベル

43 every

エヴリ [évri]

every ～が主語で現在の文なら，動詞は3単現にする。

▶ **Every** boy goes to the park.

詳しく everyのあとには単数名詞がくる。

最重要レベル

つづり

44 please

プリーズ [pliːz]

be pleased to ～で「～してうれしい」の意味。

▶ Can I help you? — Yes, **please**.

最重要レベル

45 try

トラーイ [trai]

過 tried - tried

3単現 tries

▶ I **tried** to talk to him in English.

詳しく try to ～で「～しようとする」。

最重要レベル

動 **～をたずねる**

関連 動 ～に答える a____

▶私に電話をくれるように彼に**頼んで**くださいますか。
Could you ______ him to call me?

最重要レベル

動 **始まる, ～を始める**

関連 動 始まる b____

▶彼は日本語を勉強し**始めました**。
He ______ to study Japanese.

最重要レベル

動 **～をやってみる**

▶私は彼に英語で話**そうとしました**。
I ______ to talk to him in English.

最重要レベル

形 **次の**

関連 形 この前の l____

▶その店は病院の**となりに**あります。
The shop is ______ to the hospital.

最重要レベル　発音

名 **単語, 言葉**

▶彼女は彼の**言葉**を聞いて驚きました。
She was surprised to hear his ______.

最重要レベル　つづり

副 **どうぞ**

▶お手伝いしましょうか。－はい, **お願いします**。
Can I help you?—Yes, ______.

最重要レベル

動 **～を去る, 出発する, 置いていく**

▶伝言**を残し**てもいいですか。
Can I ______ a message?

最重要レベル

形 **この前の, 最後の**

関連 形 次の n____

▶私は**去年**沖縄を訪れました。
I visited Okinawa ______ **year**.

最重要レベル

形 **毎～, どの～もみな**

▶**どの**少年**もみんな**公園へ行きます。
______ boy goes to the park.

最重要レベル

46 visit

ヴィズィト [vízit]

▶ I'm going to **visit** Tokyo next month.

最重要レベル

47 long

ローング [lɔ:ŋ]　関連 short

▶ How **long** are you going to stay there?
詳しく **how long は期間や物の長さ**をたずねる。

最重要レベル

48 child

複数形のつづりに注意。

チャーイウド [tʃaild]　複 children

▶ I read the book when I was a **child**.

最重要レベル

49 way

by the wayで「ところで」の意味。

ウェイ [wei]

▶ Could you tell me the **way** to the station?
詳しく **the way to 〜で「〜へ行く道」。**

最重要レベル

50 show

ショウ [ʃou]　過 showed - showed[shown]

▶ I'll **show** you some pictures.
詳しく I'll **show** some pictures **to** you.とも言える。

最重要レベル

51 call

コーウ [kɔ:l]

▶ Please **call** me Kate.
詳しく **〈call A B〉で「AをBと呼ぶ」**という意味。

最重要レベル

52 morning

this morningで「今朝」の意味。

モーニング [mɔ́:rniŋ]　関連 afternoon

▶ It was rainy in the **morning**.

最重要レベル　発音

53 world

ワ〜ウド [wə:rld]

▶ This is the largest lake in the **world**.

最重要レベル

54 kind

カーインド [kaind]

▶ What **kind** of sports do you like?
詳しく **What kind of 〜？で「どんな種類の〜」。**

最重要レベル

名 **子ども**

▶私は**子ども**のときに，その本を読みました。
I read the book when I was a _______.

最重要レベル

動 **～を呼ぶ，～に電話する**

▶私をケイト**と呼んで**ください。
Please _______ me Kate.

最重要レベル

名 **種類**
形 **親切な，やさしい**

▶あなたはどんな**種類**のスポーツが好きですか。
What _______ of sports do you like?

最重要レベル

形 **長い**
副 **長く**

関連 形 短い s_______

▶あなたはそこに**どれくらい**滞在する予定ですか。
How _______ are you going to stay there?

最重要レベル

動 **～を見せる**

▶あなたに写真**を**何枚か**見せ**ましょう。
I'll _______ you some pictures.

最重要レベル　発音

名 **世界**

▶これは**世界**でいちばん大きな湖です。
This is the largest lake in the _______.

最重要レベル

動 **～を訪問する**
名 **訪問**

▶私は来月，東京**を訪れる**予定です。
I'm going to _______ Tokyo next month.

最重要レベル

名 **道，方法**

▶駅へ行く**道**を教えてくださいますか。
Could you tell me the _______ to the station?

最重要レベル

名 **朝，午前**

関連 名 午後 a_______

▶**午前**中は雨でした。
It was rainy in the _______.

最重要レベル

55 **important**

インポータント [impɔ́ːrtənt]

比 more - most

関連 importance

▶ It is **important** to learn a foreign language.

詳しく It … to ～.で「～することは…」。

最重要レベル

56 **hard**

ハード [hɑːrd]

関連 difficult

▶ She studied **harder** than anyone else.

最重要レベル

57 **something**

サムスィング [sʌ́mθiŋ]

▶ Would you like **something** to drink?

最重要レベル　つづり

58 **watch**

ワーチ [wɑtʃ]

関連 clock

▶ I **watched** TV after dinner.

最重要レベル

59 **class**

クレアス [klæs]

複 classes

関連 classroom

▶ Ken and I are in the same **class**.

最重要レベル

60 **need**

ニード [niːd]

▶ We **need** to do volunteer work.

詳しく need to ～で「～する必要がある」。

最重要レベル　発音

61 **only**

オウンリ [óunli]

▶ There were **only** a few people in the park.

最重要レベル

62 **name**

ネイム [neim]

▶ **name** the baby Ann

詳しく name A Bで「AをBと名づける」。

最重要レベル

63 **life**

複数形の lives は［ライヴズ］と発音する。

ラーイフ [laif]

複 lives

関連 live

▶ Please tell me about your school **life**.

最重要レベル

代 **何か, あるもの[こと]**

▶**何か**飲み**もの**はいかがですか。
Would you like _______ to drink?

最重要レベル

副 **一生懸命に, 熱心に**
形 **難しい, かたい**

関連 形 難しい d_____

▶彼女はほかのだれよりも**一生懸命に**勉強しました。
She studied _______ than anyone else.

最重要レベル

形 **重要な**

関連 名 重要性 i_____

▶外国語を学ぶことは**大切**です。
It is _______ to learn a foreign language.

最重要レベル

動 **〜を必要とする**

▶私たちはボランティア活動をする**必要があります**。
We _______ to do volunteer work.

最重要レベル

名 **クラス, 授業**

関連 名 教室 c_____

▶ケンと私は同じ組**[クラス]**です。
Ken and I are in the same _______.

最重要レベル　つづり

動 **〜を(じっと)見る**
名 **腕時計**

関連 名 置き時計 c_____

▶私は夕食後にテレビ**を見ました**。
I _______ TV after dinner.

最重要レベル

名 **生活, 生命**

関連 動 住む l_____

▶あなたの学校**生活**について私に教えてください。
Please tell me about your school _______.

最重要レベル

名 **名前**
動 **〜と名づける**

▶その赤ちゃんをアン**と名づける**
_______ the baby Ann

最重要レベル　発音

副 **ただ〜だけ**
形 **ただ1つの**

▶公園には**ほんの**数人**しか**いませんでした。
There were _______ a few people in the park.

最重要レベル　つづり

64 before

ビフォーァ [bifɔ́:r]　関連 after

▶ Come back **before** it gets dark.

詳しく 〈A before B.〉で「Bする前にA」。

最重要レベル　つづり

65 water

ウォータァ [wɔ́:tər]

▶ drink a lot of **water**

詳しく 数えられない名詞なので，複数形にしない。

最重要レベル

66 around

アラウンド [əráund]

around the world で「世界中で」の意味。

▶ We sat **around** the table.

最重要レベル　発音　つづり

67 interesting

インタリスティング [íntəristiŋ]　比 more～ - most～

▶ Mr. Brown's classes are **interesting**.

最重要レベル

68 walk

ウォーク [wɔ:k]　関連 run

go for a walkで「散歩する」。

▶ I **walk** to school every day.

最重要レベル

69 place

プレイス [pleis]

動詞で「～を置く」という意味もある。

▶ Kyoto has a lot of good **places** to visit.

最重要レベル

70 beautiful

ビューティフォ [bjú:təfəl]　比 more～ - most～

▶ These flowers are very **beautiful**.

最重要レベル

71 stay

ステイ [stei]

stay with ～で「～の家に滞在する」の意味。

▶ How long did you **stay** in Osaka?

最重要レベル　つづり

72 listen

リスン [lísn]　関連 hear

▶ I like **listening** to music.

詳しく listen to ～で「～を聞く」。

最重要レベル

前 **〜のまわりに**
副 **あちこちに**

▶私たちはテーブル**のまわりに**すわりました。
We sat _______ the table.

最重要レベル

名 **場所**

▶京都には訪れるのによい**場所**がたくさんあります。
Kyoto has a lot of good _______ to visit.

最重要レベル　つづり

動 **聞く**

関連 動 〜が聞こえる h_____

▶私は音楽を**聞く**のが好きです。
I like _______ to music.

最重要レベル　つづり

名 **水**

▶たくさんの**水**を飲む
drink a lot of _______

最重要レベル

動 **歩く**
名 **散歩**

関連 動 走る r_____

▶私は毎日**歩いて**学校へ**行きます。**
I _______ to school every day.

最重要レベル

動 **滞在する**
名 **滞在**

▶あなたは大阪にどのくらい**滞在した**のですか。
How long did you _______ in Osaka?

最重要レベル　つづり

前 接 **〜の前に, 〜する前に**
副 **以前に**

関連 前 接 〜のあとに a_____

▶暗くなる**前に**戻りなさい。
Come back _______ it gets dark.

最重要レベル　発音　つづり

形 **おもしろい, 興味深い**

▶ブラウン先生の授業は**おもしろい。**
Mr. Brown's classes are _______.

最重要レベル

形 **美しい**

▶これらの花はとても**美しい。**
These flowers are very _______.

最重要レベル　つづり

73 night

ナーイト[nait]

Good night. で「おやすみなさい」。

▶ Did you call me **last night**?

詳しく last nightで「昨夜」。

最重要レベル

74 always

オーゥウェイズ[ɔ́:lweiz]　関連 usually

▶ She was **always** kind to me.

詳しく ふつう一般動詞の前やbe動詞・助動詞のあとにくる。

最重要レベル

75 as

アズ[æz]

▶ He is **as** tall **as** his father.

詳しく as ～ as …で「…と同じくらい～」。

最重要レベル　つづり

76 again

アゲン[əgén]

▶ Could you say that **again**?

最重要レベル　つづり

77 often

オーフン[ɔ́:fn]　関連 sometimes

▶ She **often** helps her mother.

詳しく ふつう一般動詞の前やbe動詞・助動詞のあとにくる。

最重要レベル

78 practice

プレアクティス[prǽktis]

▶ **practice** speaking English

詳しく practiceのあとの動詞は～ing形。

最重要レベル　つづり

79 answer

エアンサァ[ǽnsər]　関連 question

▶ He didn't **answer** the question.

最重要レベル　発音

80 together

トゥゲザァ[təgéðər]

▶ We had lunch **together**.

最重要レベル　つづり

81 different

ディファレント[dífərənt]　関連 same

▶ The culture here is **different** from ours.

詳しく be different from ～で「～と違っている」。

最重要レベル

接 **〜と同じくらい**
前 **〜として**

▶彼は父親**と同じくらいの**背の高さです。
He is _______ tall _______ his father.

最重要レベル

動 **〜を練習する**
名 **練習**

▶英語を話すの**を練習する**
_______ speaking English

最重要レベル　つづり

形 **違った**

関連 形 同じ s____

▶ここの文化は私たちのとは**違っています。**
The culture here is _______ from ours.

最重要レベル

副 **いつも**

関連 副 ふつうは u____

▶彼女は**いつも**私に親切でした。
She was_______ kind to me.

最重要レベル　つづり

副 **よく, しばしば**

関連 副 ときどき s____

▶彼女は**よく[しばしば]**お母さんを手伝います。
She _______ helps her mother.

最重要レベル　発音

副 **いっしょに**

▶私たちは**いっしょに**昼食を食べました。
We had lunch _______.

最重要レベル　つづり

名 **夜**

▶あなたは**昨夜**，私に電話をしましたか。
Did you call me **last** _______?

最重要レベル　つづり

副 **再び, また**

▶**もう一度**言っていただけますか。
Could you say that _______?

最重要レベル　つづり

動 **〜に答える**
名 **答え**

関連 名 質問 q____

▶彼はその質問**に答え**ませんでした。
He didn't _______ the question.

基本レベル

82 each

each otherで「お互い」の意味。

イーチ [iːtʃ]

▸ **Each** class will sing a song.

詳しく あとの名詞は**単数形**にする。

基本レベル

83 hope

hope to ～で「～したいと思う」の意味。

ホウプ [houp]

▸ I **hope** she'll get well soon.

基本レベル　つづり

84 difficult

ディフィカゥト [dífikəlt]　比 more～ - most～

▸ It's **difficult** for me to read this book.

基本レベル

85 interested

インタリスティド [íntəristid]　比 more - most

▸ I'm **interested** in American history.

詳しく be interested in ～で「～に興味がある」。

基本レベル

86 ago

a long time agoで「ずいぶん前に」の意味。

アゴウ [əgóu]

▸ He came to Japan three years **ago**.

基本レベル

87 question

クウェスチョン [kwéstʃən]　関連 answer

▸ May I ask you a **question**?

基本レベル

88 change

change trainsで「電車を乗りかえる」の意味。

チェインヂ [tʃeindʒ]

▸ We had to **change** the plan.

基本レベル　つづり

89 never

ネヴァァ [névər]　関連 ever

▸ I've **never** been to Nara.

基本レベル　発音

90 example

for exampleで「たとえば」。

イグゼァンポゥ [igzǽmpl]

▸ I'll show you an **example**.

基本レベル　つづり

形 **難しい**

▶私にとってこの本を読むことは**難しい**です。
It's _______ for me to read this book.

基本レベル

名 **質問**

関連 名 答え a_____

▶あなたに**質問**をしてもいいですか。
May I ask you a _______?

基本レベル　発音

名 **例**

▶私があなたにひとつ**例**をお見せします。
I'll show you an _______.

基本レベル

動 **～を望む**
名 **希望**

▶彼女がすぐによくな**ればいいと思います**。
I _______ she'll get well soon.

基本レベル

副 **(今から)～前に**

▶彼は3年**前に**日本に来ました。
He came to Japan three years _______.

基本レベル　つづり

副 **決して～ない**

関連 副 今までに e_____

▶私は**一度も**奈良に行ったことが**ありません**。
I've _______ been to Nara.

基本レベル

形 **それぞれの**
代 **それぞれ**

▶**それぞれの**クラスが歌を歌います。
_______ class will sing a song.

基本レベル

形 **興味がある**

▶私はアメリカの歴史に**興味があり**ます。
I'm _______ in American history.

基本レベル

動 **～を変える, 乗りかえる**
名 **変化, おつり**

▶私たちはその計画**を変更し**なければなりませんでした。
We had to _______ the plan.

基本レベル

91 sound

サーウンド [saund]

▶ That **sounds** good.

詳しく 〈sound＋形容詞〉で「～に聞こえる」。

基本レベル

92 everyone

エヴリワン [évriwʌn]　関連 everybody

▶ **Everyone** knows his famous speech.

詳しく 3人称単数扱いするので，現在の文では動詞は3単現の形。

基本レベル

93 soon

スーン [su:n]

▶ As **soon** as I got home, it began to rain.

詳しく as soon as ～で「～するとすぐに」。

基本レベル

94 cook

クック [kuk]

a good cookで「料理がじょうずな人」の意味。

▶ I **cooked** dinner for my family yesterday.

基本レベル　発音　つづり

95 tomorrow

トゥモーロウ [təmɔ́:rou]　関連 today

▶ **Tomorrow** is Mark's birthday.

基本レベル

96 same

セイム [seim]　関連 different

▶ We are in the **same** class this year.

詳しく 前に the がつくことが多い。

基本レベル　つづり

97 yesterday

イエスタデイ [jéstərdei]　関連 tomorrow

▶ What did you do **yesterday**?

基本レベル

98 stop

スタープ [stɑp]　過 stopped - stopped　ing形 stopping

▶ They **stopped** talking.

詳しく stop ～ingで「～するのをやめる」。

基本レベル

99 keep

キープ [ki:p]　過 kept - kept

▶ **keep** the river clean

詳しく 〈keep A B〉で「AをBにしておく」。

基本レベル

副 **すぐに**

▶私が家に着くと**すぐに**，雨が降り始めました。
As_______ as I got home, it began to rain.

基本レベル

形 **同じ**

関連 形 違った d_____

▶私たちは今年，**同じ**クラスです。
We are in the _______ class this year.

基本レベル

動 **～を保つ，～し続ける**

▶川をきれい**にしておく**
_______the river clean

基本レベル

代 **みんな**

関連 代 みんな e_____

▶**みんな**彼の有名な演説を知っています。
_______ knows his famous speech.

基本レベル　発音　つづり

副 名 **あす**

関連 副 名 きょう t_____

▶**あす**はマークの誕生日です。
_______ is Mark's birthday.

基本レベル

動 **～を止める，止まる**

▶彼らは話すの**をやめました**。
They _______ talking.

基本レベル

動 **～に聞こえる**
名 **音**

▶（相手の話を聞いて）それはいい**ですね**。
That _______ good.

基本レベル

動 **～を料理する**
名 **料理人**

▶私はきのう，家族のために夕食**をつくりました**。
I _______ dinner for my family yesterday.

基本レベル　つづり

副 名 **きのう**

関連 副 名 あす t_____

▶あなたは**きのう**何をしましたか。
What did you do _______?

基本レベル　つづり

100 remember

リメンバァ [rimémbər]　関連 forget

▶ Do you **remember** the way to my house?

基本レベル　つづり

101 course

コース [kɔːrs]

▶ Do you know him? — Of **course**.

詳しく Of course.で「もちろん」の意味。

基本レベル　つづり

102 problem

プラーブレム [prάbləm]

No problem.で「大丈夫です」の意味。

▶ I have a **problem**.

基本レベル　つづり

103 minute

Just a minute.で「ちょっと待ってください」。

ミニト [mínit]　関連 hour

▶ It takes ten **minutes** to the park from here.

基本レベル

104 sorry

I'm sorry.にはThat's all right.（大丈夫です。）などと応じる。

ソーリ [sɔ́ːri]

▶ I'm **sorry** I'm late.

基本レベル

105 move

ムーヴ [muːv]

▶ I was **moved** by her words.

詳しく be movedで「感動する」。

基本レベル　つづり

106 light

traffic lightで「信号」。

ラーイト [lait]　関連 dark

▶ turn off the **light**

基本レベル　発音

107 another

one after anotherで「次から次へと」の意味。

アナザァ [ənʌ́ðər]

▶ Will you show me **another** one?

詳しく 買い物のときによく使う表現。

基本レベル

108 clean

クリーン [kliːn]　関連 dirty

▶ We **clean** our classroom after school.

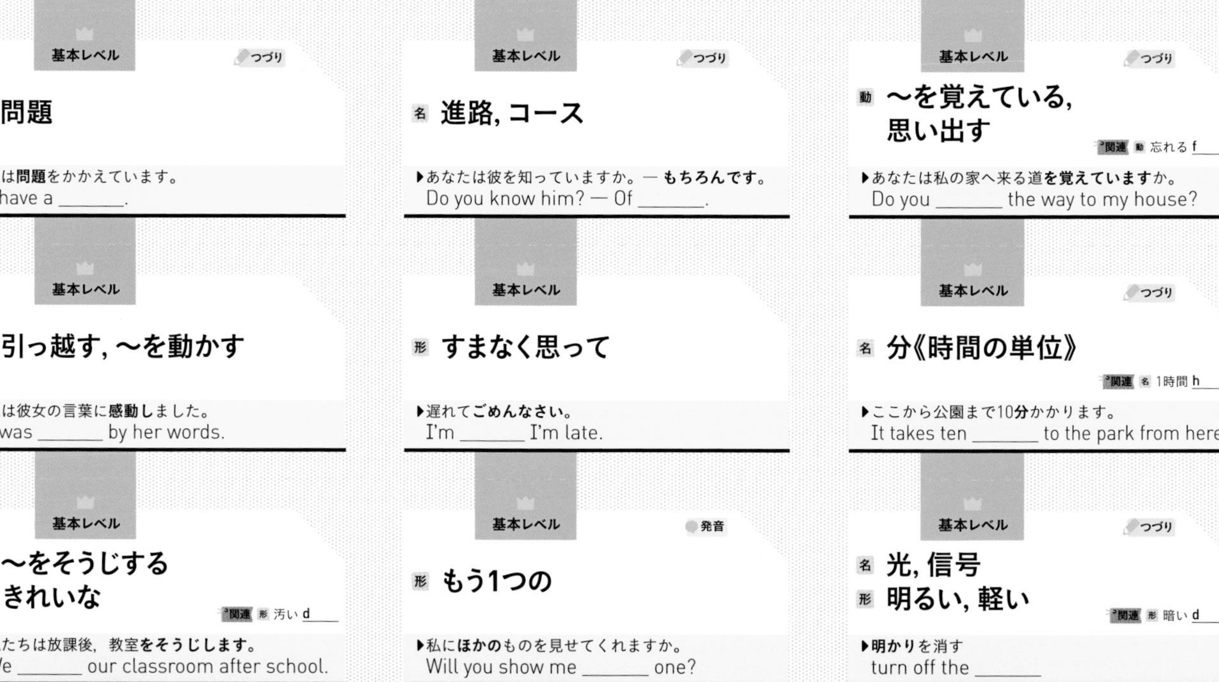

基本レベル　つづり

名 **問題**

▶私は**問題**をかかえています。
I have a ______.

基本レベル　つづり

名 **進路, コース**

▶あなたは彼を知っていますか。— **もちろんです。**
Do you know him? — Of ______.

基本レベル　つづり

動 **～を覚えている, 思い出す**

関連 動 忘れる f______

▶あなたは私の家へ来る道**を覚えていますか**。
Do you ______ the way to my house?

基本レベル

動 **引っ越す, ～を動かす**

▶私は彼女の言葉に**感動し**ました。
I was ______ by her words.

基本レベル

形 **すまなく思って**

▶遅れて**ごめんなさい。**
I'm ______ I'm late.

基本レベル　つづり

名 **分《時間の単位》**

関連 名 1時間 h______

▶ここから公園まで10**分**かかります。
It takes ten ______ to the park from here.

基本レベル

動 **～をそうじする**
形 **きれいな**

関連 形 汚い d______

▶私たちは放課後，教室**をそうじします。**
We ______ our classroom after school.

基本レベル　発音

形 **もう1つの**

▶私に**ほかの**ものを見せてくれますか。
Will you show me ______ one?

基本レベル　つづり

名 **光, 信号**
形 **明るい, 軽い**

関連 形 暗い d______

▶**明かり**を消す
turn off the ______

基本レベル

109 **smile**

スマイゥ[smail]

with a smile で「ほほえんで」の意味。

関連 laugh

▶ Her **smile** made us happy.

基本レベル　つづり

110 **popular**

パーピュラァ[pápjulər]

比 more - most

▶ This song is **popular** among young girls.

詳しく **be popular among ～**で「～の間で人気がある」。

基本レベル　つづり

111 **young**

ヤング[jʌŋ]

関連 old

▶ I'm five years **younger** than Taro.

基本レベル

112 **finish**

フィニシュ[fíniʃ]

finish ～ingで「～し終える」の意味。

▶ Have you **finished** your homework yet?

基本レベル

113 **join**

ヂョーイン[dʒɔin]

▶ Why don't you **join** us?

詳しく 仲間に加わるように誘うときの表現。

基本レベル

114 **team**

ティーム[ti:m]

▶ I'm on the soccer **team**.

基本レベル

115 **letter**

レタァ[létər]

▶ Did you write a **letter** to him?

基本レベル　つづり

116 **during**

デュアリング[djúəriŋ]

▶ **during** my stay in London

基本レベル　つづり

117 **library**

ラーイブレリ[láibreri]

複 libraries

▶ study in the city **library**

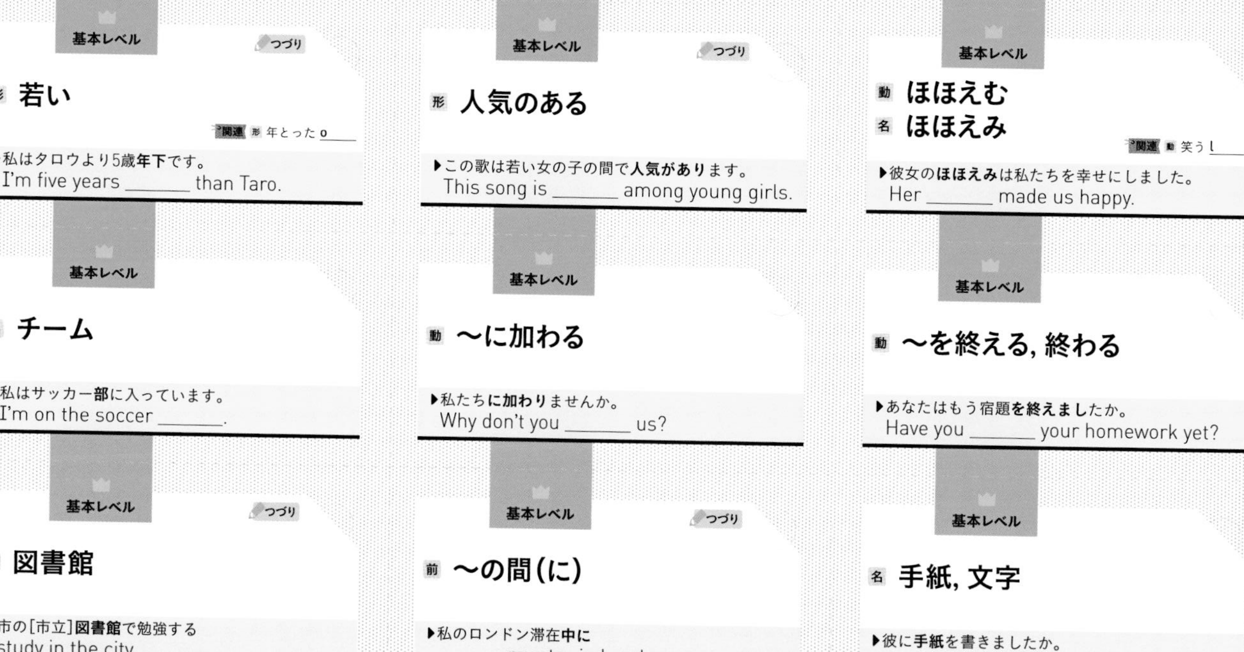

基本レベル　つづり

形 **若い**

関連 形 年とった o____

▶私はタロウより5歳**年下**です。
I'm five years _______ than Taro.

基本レベル

名 **チーム**

▶私はサッカー**部**に入っています。
I'm on the soccer _______.

基本レベル　つづり

名 **図書館**

▶市の[市立]**図書館**で勉強する
study in the city _______

基本レベル　つづり

形 **人気のある**

▶この歌は若い女の子の間で**人気があり**ます。
This song is _______ among young girls.

基本レベル

動 **～に加わる**

▶私たち**に加わり**ませんか。
Why don't you _______ us?

基本レベル　つづり

前 **～の間(に)**

▶私のロンドン滞在**中に**
_______ my stay in London

基本レベル

動 **ほほえむ**
名 **ほほえみ**

関連 動 笑う l____

▶彼女の**ほほえみ**は私たちを幸せにしました。
Her _______ made us happy.

基本レベル

動 **～を終える, 終わる**

▶あなたはもう宿題**を終えました**か。
Have you _______ your homework yet?

基本レベル

名 **手紙, 文字**

▶彼に**手紙**を書きましたか。
Did you write a _______ to him?

基本レベル　つづり

118 **money**

マニ [mʌ́ni]

▶ He has enough **money** to buy the bag.

詳しく 数えられない名詞なので，複数形にしない。

基本レベル　つづり

119 **birthday**

バ～スデイ [bə́:rθdei]

▶ When's your **birthday**?

基本レベル

120 **wait**

ウェイト [weit]

▶ I'm **waiting** for Tom.

詳しく **wait for ～**で**「～を待つ」**の意味。

基本レベル　つづり

121 **future**

フューチャァ [fjú:tʃər]　関連 past

▶ What do you want to be in the **future**?

詳しく **in the future**で**「将来，未来に」**の意味。

基本レベル

122 **hand**

ヘアンド [hænd]　関連 arm

▶ What do you have in your right **hand**?

基本レベル

123 **decide**

ディサーイド [disáid]　関連 decision

▶ He **decided** to study abroad.

詳しく **decide to ～**で**「～することを決める」**。

基本レベル　発音

124 **hour**

アーウアァ [áuər]　関連 minute

▶ He swims for an **hour** every Sunday.

詳しく 母音で始まる語なので，1時間は**an hour**と言う。

基本レベル

125 **later**

レイタァ [léitər]　関連 late

▶ I met him again a few days **later**.

基本レベル　発音

126 **famous**

フェイマス [féiməs]　比 more - most

▶ Okinawa is **famous** for its beautiful sea.

詳しく **be famous for ～**で**「～で有名だ」**の意味。

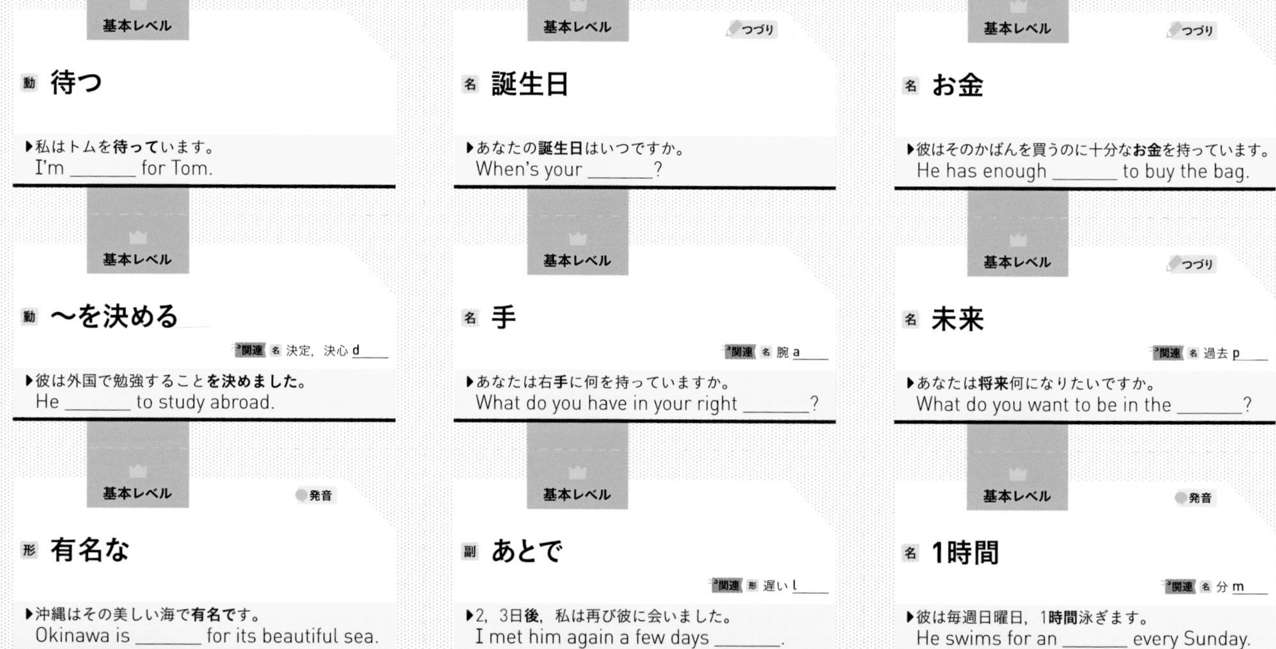

基本レベル

動 **待つ**

▶私はトムを**待って**います。
I'm ______ for Tom.

基本レベル

動 **～を決める**

関連 名 決定，決心 d____

▶彼は外国で勉強すること**を決めました**。
He ______ to study abroad.

基本レベル 発音

形 **有名な**

▶沖縄はその美しい海で**有名**です。
Okinawa is ______ for its beautiful sea.

基本レベル つづり

名 **誕生日**

▶あなたの**誕生日**はいつですか。
When's your ______?

基本レベル

名 **手**

関連 名 腕 a____

▶あなたは右**手**に何を持っていますか。
What do you have in your right ______?

基本レベル

副 **あとで**

関連 形 遅い l____

▶2，3日**後**，私は再び彼に会いました。
I met him again a few days ______.

基本レベル つづり

名 **お金**

▶彼はそのかばんを買うのに十分な**お金**を持っています。
He has enough ______ to buy the bag.

基本レベル つづり

名 **未来**

関連 名 過去 p____

▶あなたは**将来**何になりたいですか。
What do you want to be in the ______?

基本レベル 発音

名 **1時間**

関連 名 分 m____

▶彼は毎週日曜日，1**時間**泳ぎます。
He swims for an ______ every Sunday.

基本レベル

127 **sometimes**

サムタイムズ[sʌ́mtaimz] 関連 often

▶ My father **sometimes** cooks dinner.

詳しく ふつう一般動詞の前やbe動詞・助動詞のあとにくる。

基本レベル つづり

128 **member**

メンバァ[mémbər]

▶ I am a **member** of the tennis team.

詳しく a member of ～で「～の一員」。

基本レベル

129 **even**

イーヴン[í:vən]

▶ Soccer games will be held **even** if it rains.

詳しく even if ～で「たとえ～だとしても」。

基本レベル つづり

130 **usually**

ユージュアリ[jú:ʒuəli] 関連 always

▶ I **usually** get up at seven.

詳しく ふつう一般動詞の前やbe動詞・助動詞のあとにくる。

基本レベル つづり

131 **activity**

エアクティヴィティ[æktívəti] 関連 active

▶ I do volunteer **activities** on Sundays.

基本レベル

132 **worry**

ワ～リ[wə́:ri] 過 worried - worried 3単現 worries

▶ Don't **worry** about it.

詳しく worry about ～で「～について心配する」。

基本レベル

133 **high school**

ハーイ スクーゥ[hái sku:l]

▶ She is a **high school** student.

基本レベル つづり

134 **language**

レアングウィヂ[lǽŋgwidʒ]

▶ She can speak three **languages**.

基本レベル 発音

135 **surprised**

サプラーイズド[sərpráizd] 関連 surprise

▶ I was **surprised** at the present.

詳しく be surprised at ～で「～に驚く」の意味。

基本レベル

副 **〜でさえ**

▶たとえ雨が降っ**ても**，サッカーの試合は行われます。
Soccer games will be held ______ if it rains.

基本レベル　つづり

名 **メンバー，一員**

▶私はテニス部の**部員**です。
I am a ______ of the tennis team.

基本レベル

副 **ときどき**

関連 副 よく，しばしば o____

▶私の父は**ときどき**夕食をつくります。
My father ______ cooks dinner.

基本レベル

動 **心配する**

▶それについて**心配し**ないで。
Don't ______ about it.

基本レベル　つづり

名 **活動**

関連 形 活動的な a____

▶私は毎週日曜日にボランティア**活動**をします。
I do volunteer ______ on Sundays.

基本レベル　つづり

副 **ふつうは**

関連 副 いつも a____

▶私は**ふつう**7時に起きます。
I ______ get up at seven.

基本レベル　発音

形 **驚いた**

関連 動 〜を驚かせる s____

▶私はそのプレゼントに**驚き**ました。
I was ______ at the present.

基本レベル　つづり

名 **言語**

▶彼女は3つの**言語**を話すことができます。
She can speak three ______.

基本レベル

名 **高校**

▶彼女は**高校**生です。
She is a ______ ______ student.

基本レベル　つづり

136 favorite

フェイヴァリト [féivərit]

▶ My **favorite** subject is science.

基本レベル　発音

137 easy

イーズィ [iːzi]

比 easier - easiest
関連 difficult

▶ It's **easy** for me to answer this quiz.

基本レベル　つづり

138 festival

フェスティヴォウ [féstəvəl]

▶ Please come to our school **festival**.

基本レベル　つづり

139 wonderful

ワンダフォ [wʌ́ndərfl]

比 more - most

▶ I had a **wonderful** time in Australia.

基本レベル

140 still

スティウ [stil]

▶ It is **still** raining outside.

詳しく ふつう一般動詞の前やbe動詞・助動詞のあとにくる。

基本レベル　つづり

141 culture

カゥチャァ [kʌ́ltʃər]

関連 cultural

▶ Tom is interested in Japanese **culture**.

基本レベル

142 large

ラーヂ [lɑːrdʒ]

比 larger - largest
関連 small

▶ Hokkaido is **larger** than Kyushu.

基本レベル

143 afternoon

アフタヌーン [æftərnúːn]

関連 noon

▶ They'll play basketball this **afternoon**.

基本レベル

144 such

サチ [sʌtʃ]

such as ～で「(たとえば) ～のような」。

▶ You shouldn't say **such** a thing.

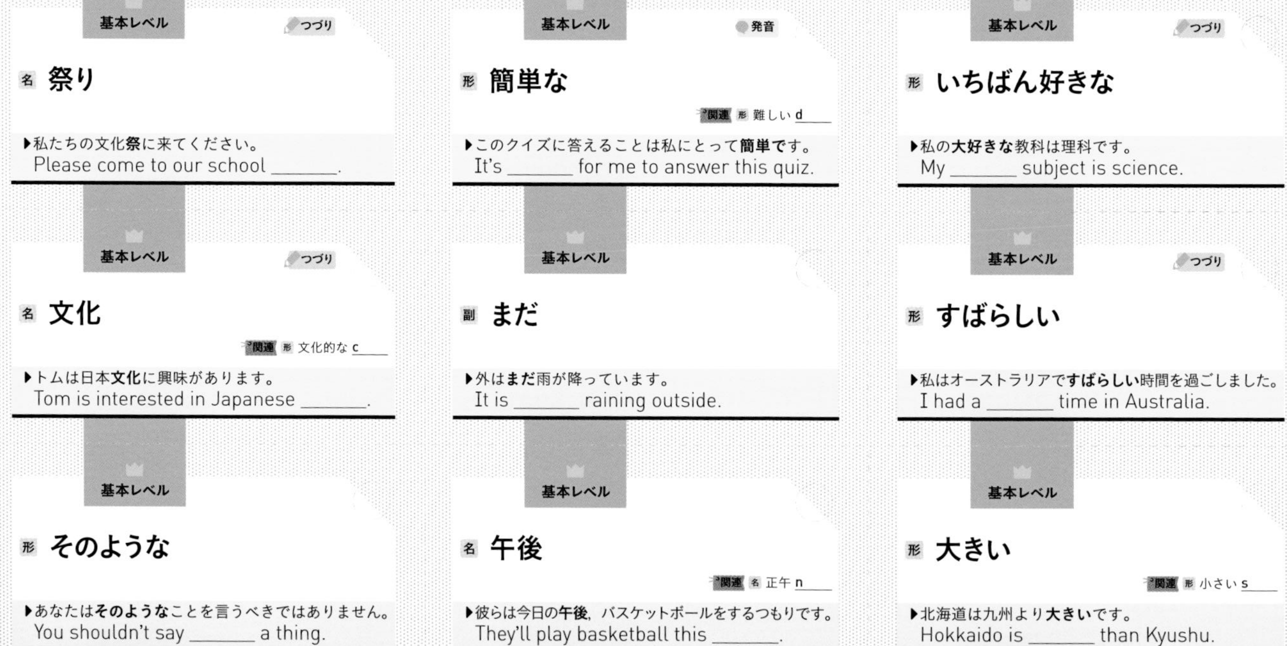

基本レベル　つづり

名 **祭り**

▶私たちの文化**祭**に来てください。
Please come to our school _______.

基本レベル　つづり

名 **文化**

関連 形 文化的な c____

▶トムは日本**文化**に興味があります。
Tom is interested in Japanese _______.

基本レベル

形 **そのような**

▶あなたは**そのような**ことを言うべきではありません。
You shouldn't say _______ a thing.

基本レベル　発音

形 **簡単な**

関連 形 難しい d____

▶このクイズに答えることは私にとって**簡単で**す。
It's _______ for me to answer this quiz.

基本レベル

副 **まだ**

▶外は**まだ**雨が降っています。
It is _______ raining outside.

基本レベル

名 **午後**

関連 名 正午 n____

▶彼らは今日の**午後**，バスケットボールをするつもりです。
They'll play basketball this _______.

基本レベル　つづり

形 **いちばん好きな**

▶私の**大好きな**教科は理科です。
My _______ subject is science.

基本レベル　つづり

形 **すばらしい**

▶私はオーストラリアで**すばらしい**時間を過ごしました。
I had a _______ time in Australia.

基本レベル

形 **大きい**

関連 形 小さい s____

▶北海道は九州より**大きい**です。
Hokkaido is _______ than Kyushu.

基本レベル

145 open

オウプン [óupən]　関連 close

▶ The library is **open** from nine to seven.

基本レベル

146 ànything

エニスィング [éniθiŋ]　関連 nothing

▶ I didn't know **anything** about it.

詳しく not ～ anythingで「何も～ない」。

基本レベル　発音

147 wòman

ウマン [wúmən]　複 women　関連 man

▶ Do you know that **woman**?

基本レベル　発音　つづり

148 earth

アース [əːrθ]　関連 moon

▶ We live on the **earth**.

詳しく ふつう the をつけて使う。

基本レベル　つづり

149 person

パ～スン [pə́ːrsn]　関連 people

▶ a nice **person**

基本レベル

150 player

プレイアァ [pléiər]　関連 play

▶ He is a good baseball **player**.

基本レベル

151 trip

トリップ [trip]　関連 travel

▶ Have a nice **trip**.

基本レベル　つづり

152 flower

フラーウアァ [fláuər]

▶ She bought some beautiful **flowers**.

基本レベル　発音

153 through

throw（投げる）の過去形threwと同じ発音。

スルー [θruː]

▶ This river runs **through** the town.

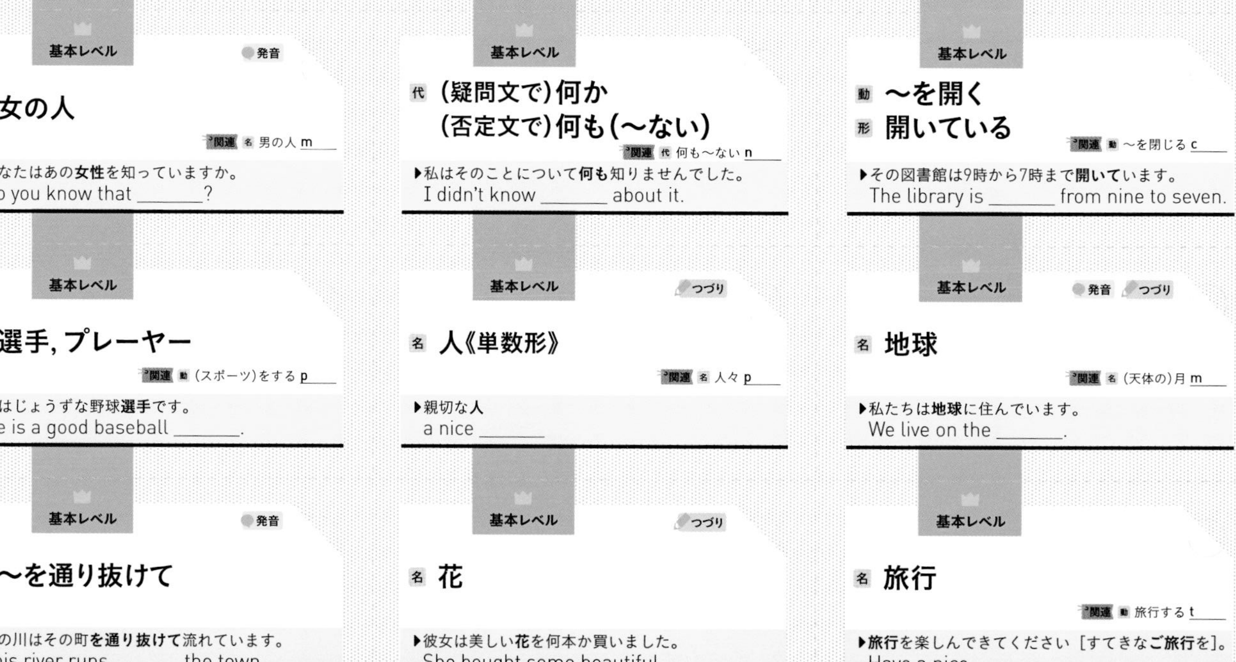

基本レベル　発音

名 **女の人**

関連 名 男の人 m____

▶あなたはあの**女性**を知っていますか。
Do you know that ______?

基本レベル

代 **(疑問文で)何か**
(否定文で)何も(〜ない)

関連 代 何も〜ない n____

▶私はそのことについて**何も**知りませんでした。
I didn't know ______ about it.

基本レベル

動 **〜を開く**
形 **開いている**

関連 動 〜を閉じる c____

▶その図書館は9時から7時まで**開いて**います。
The library is ______ from nine to seven.

基本レベル

名 **選手, プレーヤー**

関連 動 (スポーツ)をする p____

▶彼はじょうずな野球**選手**です。
He is a good baseball ______.

基本レベル　つづり

名 **人《単数形》**

関連 名 人々 p____

▶親切な**人**
a nice ______

基本レベル　発音　つづり

名 **地球**

関連 名 (天体の)月 m____

▶私たちは**地球**に住んでいます。
We live on the ______.

基本レベル　発音

前 **〜を通り抜けて**

▶この川はその町**を通り抜けて**流れています。
This river runs ______ the town.

基本レベル　つづり

名 **花**

▶彼女は美しい**花**を何本か買いました。
She bought some beautiful ______.

基本レベル

名 **旅行**

関連 動 旅行する t____

▶**旅行**を楽しんできてください［すてきな**ご旅行**を］。
Have a nice ______.

基本レベル

154 **job**

チャーブ [dʒɑb]

▶ You did a good **job**!

詳しく 単に Good job! と言うこともある。

基本レベル

155 **care**

ケアァ [keər]　関連 careful

▶ She takes **care** of the garden.

詳しく take care of ～で「～の世話をする」。

基本レベル　発音　つづり

156 **restaurant**

レストラント [réstərənt]

▶ have lunch at a Japanese **restaurant**

基本レベル　発音

157 **parent**

ペアレント [péərənt]

▶ My **parents** often go to the museum.

基本レベル

158 **cold**

have a coldで「かぜをひいている」。

コウゥド [kould]　関連 hot

▶ Please give me something **cold** to drink.

基本レベル

159 **fun**

ファン [fʌn]　関連 funny

▶ We had a lot of **fun**.

詳しく have funで「楽しむ」。

基本レベル　つづり

160 **few**

フュー [fjuː]　関連 a little

▶ a **few** days later

基本レベル

161 **grandmother**

グレァンマザァ [grǽndmʌðər]　関連 grandfather

▶ My **grandmother** lives near here.

基本レベル　つづり

162 **group**

グループ [gruːp]

▶ We worked in **groups**.

基本レベル　発音　つづり

名 **レストラン**

▶日本**料理店**で昼食を食べる
have lunch at a Japanese ______

基本レベル

名 **おもしろいこと**

関連 形 おもしろい f____

▶私たちは大いに**楽しみ**ました。
We had a lot of ______.

基本レベル　つづり

名 **集団, グループ**

▶私たちは**グループ**になって取り組みました。
We worked in ______.

基本レベル

名 **注意, 世話**

関連 形 注意深い c____

▶彼女はその庭の**世話**をしています。
She takes ______ of the garden.

基本レベル

形 **寒い, 冷たい**
名 **かぜ**

関連 形 暑い, 熱い h____

▶私に何か**冷たい**飲み物をください。
Please give me something ______ to drink.

基本レベル

名 **祖母**

関連 名 祖父 g____

▶私の**祖母**はこの近くに住んでいます。
My ______ lives near here.

基本レベル

名 **仕事**

▶よくやったね!
You did a good ______!

基本レベル　発音

名 **親**

▶私の**両親**はよく博物館へ行きます。
My ______ often go to the museum.

基本レベル　つづり

形 **(aをつけて)少数の**

関連 少量の a l____

▶**数**日後
a ______ days later

基本レベル つづり

163 believe

ビリーヴ[bilíːv]

▶ I can't **believe** it.

基本レベル 発音

164 turn

turn on ～で「(明かりなど)をつける」。

ターン[təːrn]

▶ **Turn** left at the second corner.

基本レベル

165 homework

ホウムワーク[hóumwəːrk]

▶ She helped me with my **homework**.

詳しく 数えられない名詞なので，複数形にしない。

基本レベル つづり

166 own

オウン[oun] 関連 owner

▶ Please tell me your **own** opinion.

詳しく **my, your**などの**所有格のあと**で使う。

基本レベル

167 hold

Hold on, please.で「電話を切らずにお待ちください」。

ホウゥド[hould] 過 held - held

▶ The Olympic Games will be **held** next year.

詳しく **be held**で「**開かれる**」。

基本レベル つづり

168 mountain

山の名前の前には Mt. をつける。

マウントン[máuntn]

▶ We climbed that **mountain** last summer.

基本レベル 発音

169 early

「(速度が)速い，速く」はfast。

アーリィ[əːrli] 関連 late

▶ She gets up **early** every morning.

基本レベル つづり

170 number

the number of ～で「～の数」。

ナンバァ[nʌ́mbər]

▶ Could you tell me your phone **number**?

基本レベル

171 program

プロウグレアム[próugræm]

▶ listen to an English **program** on the radio

基本レベル

名 **宿題**

▶彼女は私の**宿題**を手伝ってくれました。
She helped me with my ________.

基本レベル　発音

動 **曲がる**
名 **順番**

▶2つ目の角を左に**曲がりなさい**。
________ left at the second corner.

基本レベル　つづり

動 **～を信じる**

▶それを**信じ**られません。
I can't ________ it.

基本レベル　つづり

名 **山**

▶私たちはこの前の夏，あの**山**に登りました。
We climbed that ________ last summer.

基本レベル

動 **～を手に持つ，開催する**

▶オリンピック大会は来年**開催さ**れます。
The Olympic Games will be ________ next year.

基本レベル　つづり

動 **所有する**
形 **(my, yourなどのあとで)自分自身の**

関連 名 所有者 o________

▶あなた**自身の**意見を私に教えてください。
Please tell me your ________ opinion.

基本レベル

名 **番組，プログラム**

▶ラジオで英語の**番組**を聞く
listen to an English ________ on the radio

基本レベル　つづり

名 **数，番号**

▶あなたの電話**番号**を教えてくださいませんか。
Could you tell me your phone ________?

基本レベル　発音

副 **早く**
形 **早い**

関連 形 遅い l________

▶彼女は毎朝**早**起きします。
She gets up ________ every morning.

基本レベル

172 river

リヴァァ[rívər]

▶ We clean this **river** every year.

基本レベル

173 bike

バイク[baik]　関連 bicycle

▶ My sister can't ride a **bike**.

基本レベル

174 since

スィンス[sins]

▶ I have lived here **since** I was six.

基本レベル　つづり

175 building

ビゥディング[bíldiŋ]　関連 build

▶ Look at that tall **building** over there.

基本レベル

176 point

ポイント[pɔint]

動詞で「指さす」という意味もある。

▶ a different **point** of view

基本レベル　発音

177 enough

イナフ[inʌ́f]

▶ He was kind **enough** to carry my bag.

詳しく … enough to ～で「～するのに十分…」。

基本レベル　つづり

178 foreign

フォーリン[fɔ́:rin]　関連 foreigner

▶ visit **foreign** countries

基本レベル　つづり

179 high

ハーイ[hai]　関連 low

▶ Mt. Fuji is the **highest** mountain in Japan.

基本レベル

180 happen

ヘァプン[hǽpən]

▶ What **happened**?

基本レベル

前 接 **〜以来(ずっと)**

▶私は6歳**のときから**ここに住んでいます。
I have lived here ______ I was six.

基本レベル

名 **自転車**

関連 名 自転車 b______

▶妹は**自転車**に乗れません。
My sister can't ride a ______.

基本レベル

名 **川**

▶私たちは毎年，この**川**をきれいにします。
We clean this ______ every year.

基本レベル　発音

形 **十分な**
副 **十分に**

▶彼は私のかばんを運んでくれるほど**十分**親切でした。
He was kind ______ to carry my bag.

基本レベル

名 **点**

▶違った観**点**
a different ______ of view

基本レベル　つづり

名 **建物**

関連 動 〜を建てる b______

▶向こうにあるあの高い**建物**を見てください。
Look at that tall ______ over there.

基本レベル

動 **起こる**

▶どう**しました**か。[何が**あった**の。]
What ______?

基本レベル　つづり

形 **高い**

関連 形 低い l______

▶富士山は日本で**最も高い**山です。
Mt. Fuji is the ______ mountain in Japan.

基本レベル　つづり

形 **外国の**

関連 名 外国人 f______

▶**外国**を訪れる
visit ______ countries

基本レベル

181 spécial

スペシャゥ [spéʃəl]

関連 especially

▶ watch a **special** program on TV

基本レベル

182 plan

プレアン [plæn]

過 planned - planned

ing形 planning

▶ Do you have any **plans** for this weekend?

基本レベル

183 fast

フェアスト [fæst]

「(時間的に)早い,早く」はearly。

関連 slow

▶ He runs very **fast**.

基本レベル

184 évening

イーヴニング [íːvniŋ]

Good evening.で「こんばんは」。

関連 morning

▶ Let's meet on Saturday **evening**.

基本レベル

185 while

フワーイゥ [hwail]

for a whileで「しばらくの間」の意味。

▶ I visited some temples **while** I was in Nara.

基本レベル

つづり

186 doctor

ダークタァ [dáktər]

関連 nurse

▶ You should see a **doctor**.

基本レベル

つづり

187 wélcome

ウェゥカム [wélkəm]

You're welcome.で「どういたしまして」の意味。

▶ **Welcome** to our school.

基本レベル

188 ever

エヴァァ [évər]

経験を表す現在完了形の疑問文でよく使う。

関連 never

▶ Have you **ever** seen a koala?

基本レベル

189 strong

ストローング [strɔːŋ]

関連 weak

▶ The wind was **strong** yesterday.

基本レベル

副 **速く**
形 **速い**

関連 形 遅い s____

▶彼はとても**速く**走ります。
He runs very ____.

基本レベル

つづり

名 **医師**

関連 名 看護師 n____

▶あなたは**医者**にみてもらったほうがいい。
You should see a ____.

基本レベル

形 **強い**

関連 形 弱い w____

▶きのうは風が**強か**ったです。
The wind was ____ yesterday.

基本レベル

名 **計画**
動 **計画する**

▶今週末は何か**予定**はありますか。
Do you have any ____ for this weekend?

基本レベル

接 **〜する間に**

▶私は奈良にいる**間に**いくつかの寺を訪れました。
I visited some temples ____ I was in Nara.

基本レベル

副 **今までに**

関連 副 一度も〜ない n____

▶あなたは**今までに**コアラを見たことがありますか。
Have you ____ seen a koala?

基本レベル

形 **特別の**

関連 副 特に e____

▶テレビで**特別**番組を見る
watch a ____ program on TV

基本レベル

名 **夕方, 晩**

関連 名 朝，午前 m____

▶土曜日の**夕方**に会いましょう。
Let's meet on Saturday ____.

基本レベル

つづり

間 **ようこそ**
形 **歓迎される**

▶私たちの学校に**ようこそ**。
____ to our school.

基本レベル 発音

190 without

ウィザウト [wiðáut] 関連 with

▶ He left **without** saying goodbye.

詳しく without ～ingで「～しないで」という意味。

基本レベル 発音

191 experience

イクスピリエンス [ikspíəriəns]

▶ You had a wonderful **experience**.

基本レベル

192 fall

フォーゥ [fɔ:l] 過 fell - fallen

▶ He **fell** from this tree.

基本レベル

193 plant

プレアント [plænt] 関連 animal

▶ Her hobby is to grow **plants**.

基本レベル

194 shopping

シャーピング [ʃápiŋ] 関連 shop

▶ I often go **shopping** with my mother.

基本レベル つづり

195 speech

スピーチ [spi:tʃ] 関連 speak

▶ She made a **speech** at the meeting.

詳しく make a speechで「スピーチをする」。

基本レベル

196 street

ストリート [stri:t] 関連 road

▶ Walk along this **street**.

基本レベル

197 late

be late for ～で「～に遅れる」の意味。

レイト [leit] 関連 later

▶ He went to bed **late** last night.

基本レベル

198 tired

be tired of ～で「～にあきている」の意味。

タイアアド [táiərd]

▶ She looks a little **tired**.

基本レベル

動 **落ちる**
名 **秋**

▶彼はこの木から**落ちました**。
He _______ from this tree.

基本レベル　つづり

名 **スピーチ, 演説**

関連 動 話す s____

▶彼女はその集会で**スピーチ**をしました。
She made a _______ at the meeting.

基本レベル

形 **疲れた**

▶彼女は少し**疲れている**ように見えます。
She looks a little _______.

基本レベル　発音

名 **経験**
動 **〜を経験する**

▶あなたはすばらしい**経験**をしたね。
You had a wonderful _______.

基本レベル

名 **買い物, 動詞shopのing形**

関連 名 店 s____

▶私はよく母と**買い物**に行きます。
I often go _______ with my mother.

基本レベル

形 **遅い, 遅れた**
副 **遅く**

関連 副 あとで l____

▶彼は昨夜**遅く**寝ました。
He went to bed _______ last night.

基本レベル　発音

前 **〜なしで**

関連 前 〜といっしょに w____

▶彼はさよならを言わ**ないで**去りました。
He left _______ saying goodbye.

基本レベル

名 **植物**
動 **〜を植える**

関連 名 動物 a____

▶彼女の趣味は**植物**を育てることです。
Her hobby is to grow _______.

基本レベル

名 **通り**

関連 名 道路 r____

▶この**通り**に沿って歩きなさい。
Walk along this _______.

基本レベル

199 exciting

イクサーイティング[iksáitiŋ]　比 more - most

▶ The soccer game was very **exciting**.

基本レベル

200 catch

catch a cold で「かぜをひく」。

キャッチ[kætʃ]　過 caught - caught　関連 miss

▶ You'll **catch** the first train if you leave now.

基本レベル

201 front

フラント[frʌnt]　関連 back

▶ Shall we meet in **front** of the bookstore?

詳しく **in front of** ～で「～の前で」の意味。

基本レベル

202 present

プレズント[préznt]　関連 gift

▶ I bought a **present** for her.

基本レベル

203 e-mail

つづり

イーメイウ[í:meil]　関連 letter

▶ I sent her a picture by **e-mail**.

基本レベル

204 hospital

ハースピトォ[háspitl]　関連 doctor

▶ I went to the **hospital** to see my friend.

基本レベル

205 rain

レイン[rein]　関連 rainy

▶ It's going to **rain** in the evening.

基本レベル

206 glad

グレアッド[glæd]　関連 sad

▶ I'm **glad** to see you again.

詳しく **be glad to** ～で「～してうれしい」。

基本レベル

207 sick

スイック[sik]　関連 ill

▶ He was **sick** in bed all day.

基本レベル

名 **前**

関連 名 後ろ b____

▶書店の**前**で会いましょうか。
Shall we meet in _______ of the bookstore?

基本レベル

名 **病院**

関連 名 医師 d____

▶私は友人のお見舞いに**病院**へ行きました。
I went to the _______ to see my friend.

基本レベル

形 **病気の**

関連 形 病気の i____

▶彼は1日中**病気で**寝ていました。
He was _______ in bed all day.

基本レベル

動 **～をつかまえる**

関連 動 ～をのがす m____

▶もし今出れば，あなたは始発電車**に間に合う**でしょう。
You'll _______ the first train if you leave now.

基本レベル　つづり

名 **(電子)メール**

関連 名 手紙 l____

▶私は彼女に**メール**で写真を送りました。
I sent her a picture by _______.

基本レベル

形 **うれしい(≒happy)**

関連 形 悲しい s____

▶あなたにまた会えて**うれしい**です。
I'm _______ to see you again.

基本レベル

形 **わくわくさせる**

▶そのサッカーの試合はとても**わくわくさせる**ものでした。
The soccer game was very _______.

基本レベル

名 **贈り物, プレゼント**

関連 名 贈り物 g____

▶私は彼女に**プレゼント**を買いました。
I bought a _______ for her.

基本レベル

動 **雨が降る**
名 **雨**

関連 形 雨の降る r____

▶夕方に**雨が降る**でしょう。
It's going to _______ in the evening.

基本レベル　発音

208 vacation

ヴェイケイション [veikéiʃən]　関連 holiday

▶ How was your winter **vacation**?

基本レベル

209 space

スペイス [speis]　関連 spaceship

▶ the International **Space** Station

基本レベル　発音

210 between

ビトウィーン [bitwíːn]　関連 among

▶ differences **between** Japan and China
詳しく between A and Bで「AとBの間に[の]」。

基本レベル

211 true

トルー [truː]　関連 truth

▶ Your dream will **come true**.
詳しく come trueで「(夢などが) 実現する」。

基本レベル　つづり

212 both

ボウス [bouθ]

▶ He speaks **both** English and Japanese.
詳しく both A and Bで「AとBの両方とも」。

基本レベル

213 paper

ペイパァ [péipər]

▶ Give me a piece of **paper**.
詳しく a piece of ～か a sheet of ～で数える。

基本レベル　発音　つづり

214 volunteer

ヴァランティアァ [vɑləntíər]

▶ Have you ever done **volunteer** work?

基本レベル　発音

215 die

ダーイ [dai]　ing形 dying　関連 dead

▶ My bird **died** yesterday.

基本レベル　発音

216 forget

フォゲト [fərgét]　関連 remember

▶ Don't **forget** to bring lunch tomorrow.
詳しく forget to ～で「～することを忘れる」。

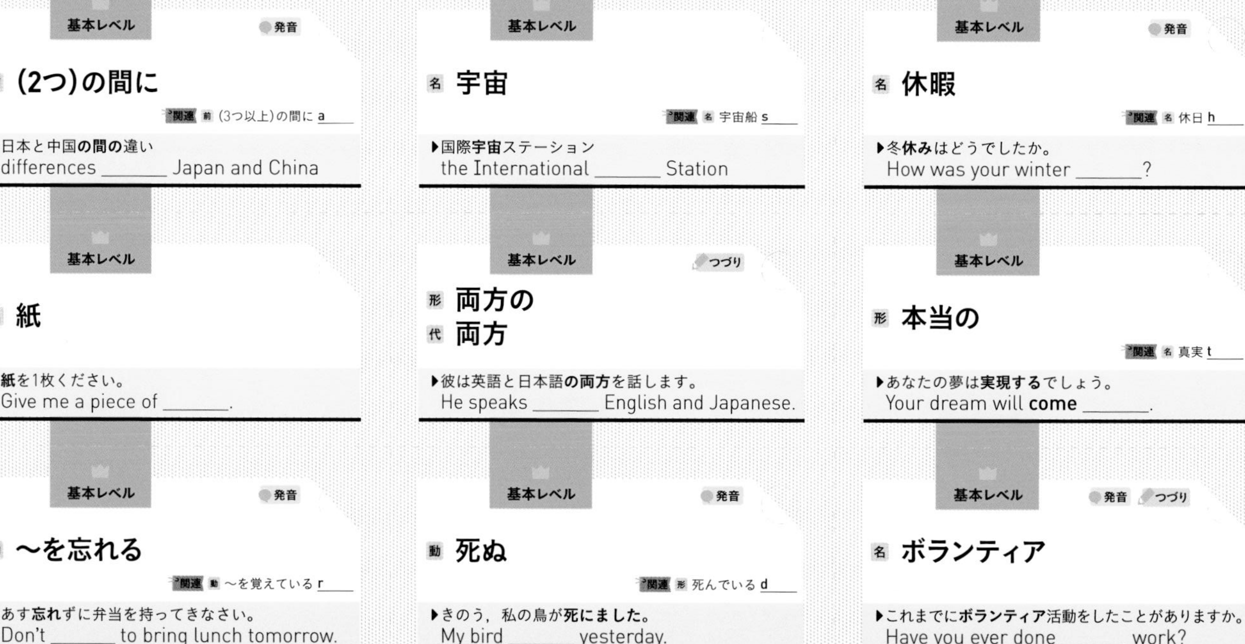

基本レベル　発音

前 **(2つ)の間に**

関連 前 (3つ以上)の間に a____

▶日本と中国**の間の**違い
differences ______ Japan and China

基本レベル

名 **宇宙**

関連 名 宇宙船 s____

▶国際**宇宙**ステーション
the International ______ Station

基本レベル　発音

名 **休暇**

関連 名 休日 h____

▶冬**休み**はどうでしたか。
How was your winter ______?

基本レベル

名 **紙**

▶**紙**を1枚ください。
Give me a piece of ______.

基本レベル　つづり

形 **両方の**
代 **両方**

▶彼は英語と日本語**の両方**を話します。
He speaks ______ English and Japanese.

基本レベル

形 **本当の**

関連 名 真実 t____

▶あなたの夢は**実現する**でしょう。
Your dream will **come** ______.

基本レベル　発音

動 **～を忘れる**

関連 動 ～を覚えている r____

▶あす**忘れ**ずに弁当を持ってきなさい。
Don't ______ to bring lunch tomorrow.

基本レベル　発音

動 **死ぬ**

関連 形 死んでいる d____

▶きのう，私の鳥が**死にました。**
My bird ______ yesterday.

基本レベル　発音　つづり

名 **ボランティア**

▶これまでに**ボランティア**活動をしたことがありますか。
Have you ever done ______ work?

基本レベル　発音

217 museum

ミューズィーアム[mju:zí:əm]

▶ the way to the art **museum**

基本レベル

218 store

ストーア[stɔ:r]

▶ I went to the **store** to buy a camera.

基本レベル　つづり

219 excuse

イクスキューズ[ikskjú:z]

▶ **Excuse** me.
詳しく 知らない人に声をかけるときなどに使う。

基本レベル

220 able

エイボウ[éibl]　関連 ability

▶ You will be **able** to speak English better.
詳しく be able to ～で「～できる」。

基本レベル

221 left

leave(去る)の過去形・過去分詞もleft。

レフト[left]　関連 right

▶ You'll see it on your **left**.
詳しく 道案内のときに使う。

基本レベル　つづり

222 under

アンダァ[ʌ́ndər]　関連 over

▶ There is a pencil **under** the table.

基本レベル

223 rice

a rice ballで「おにぎり」。

ライス[rais]　関連 bread

▶ I eat **rice** every day.

基本レベル

224 free

フリー[fri:]　関連 busy

▶ Are you **free** next Saturday?

基本レベル

225 face

face to faceで「向かい合って」の意味。

フェイス[feis]　関連 head

▶ There was a smile on his **face**.

基本レベル　つづり

動 **〜を許す**

▶失礼します。[すみません。]
_______ me.

基本レベル

名 **店(≒shop)**

▶カメラを買うためにその店に行きました。
I went to the _______ to buy a camera.

基本レベル　発音

名 **博物館, 美術館**

▶美術館へ行く道
the way to the art _______

基本レベル　つづり

前 **〜の下に**

関連 前 〜の上に o_______

▶テーブルの下にえんぴつがあります。
There is a pencil _______ the table.

基本レベル

名 **左**　副 **左に**　形 **左の**

関連 副 形 右に，右の r_______

▶それはあなたの左側に見えますよ。
You'll see it on your _______.

基本レベル

形 **できる**

関連 名 能力 a_______

▶あなたはもっとじょうずに英語を話せるようになるでしょう。
You will be _______ to speak English better.

基本レベル

名 **顔**

関連 名 頭 h_______

▶彼の顔にほほえみが浮かんでいました。
There was a smile on his _______.

基本レベル

形 **自由な, ひまな**

関連 形 忙しい b_______

▶今度の土曜日はひまですか。
Are you _______ next Saturday?

基本レベル

名 **米, ご飯, 稲**

関連 名 パン b_______

▶私は毎日ご飯を食べます。
I eat _______ every day.

基本レベル

226 **clock**

o'clockで「～時」の意味。

クラーク [klɑk]

関連 watch

▶ There was an old **clock** on the wall.

基本レベル

つづり

227 **message**

メスィヂ [mésidʒ]

▶ Can[May] I take a **message**?

詳しく 電話での会話でよく使う表現。

基本レベル

228 **carry**

過 carried －carried

3単現 carries

キャリ [kǽri]

▶ Shall I **carry** your bag?

基本レベル

229 **end**

at the end of ～で「～の終わりに」の意味。

エンド [end]

関連 beginning

▶ What time does the movie **end**?

基本レベル

つづり

230 **scientist**

サーイエンティスト [sáiəntist]

関連 science

▶ A Japanese **scientist** got the Nobel Prize.

基本レベル

231 **dance**

デァンス [dæns]

▶ I'm enjoying the **dance**.

基本レベル

232 **phone**

フォウン [foun]

関連 cell phone

▶ talk on the **phone**

基本レベル

233 **everything**

エヴリスィング [évriθiŋ]

関連 something

▶ **Everything** was new to me.

詳しく everythingは**単数扱い**をする。

基本レベル

234 **until**

アンティウ [əntíl]

関連 by

▶ Let's wait inside **until** the rain stops.

詳しく **until** ～の中では未来のことも**現在形**で表す。

基本レベル

動 **～を運ぶ**

▶あなたのかばん**を運び**ましょうか。
Shall I _______ your bag?

基本レベル　つづり

名 **伝言, メッセージ**

▶**伝言**をお聞きしましょうか。
Can[May] I take a _______?

基本レベル

名 **(置き)時計**

関連 名 腕時計 w_____

▶壁に古い**時計**がありました。
There was an old _______ on the wall.

基本レベル

名 **踊り**
動 **踊る**

▶私はその**踊り**を楽しんでいます。
I'm enjoying the _______.

基本レベル　つづり

名 **科学者**

関連 名 理科, 科学 s_____

▶日本の**科学者**がノーベル賞をとりました。
A Japanese _______ got the Nobel Prize.

基本レベル

名 **終わり**
動 **終わる**

関連 名 始まり b_____

▶映画は何時に**終わりますか**。
What time does the movie _______?

基本レベル

前 接 **～まで(ずっと)**

関連 前 ～までに b_____

▶雨がやむ**まで**中で待ちましょう。
Let's wait inside _______ the rain stops.

基本レベル

代 **あらゆること(もの)**

関連 代 何か s_____

▶**あらゆること**が私には新しかった。
_______ was new to me.

基本レベル

名 **電話**

関連 名 携帯電話 c_____ p_____

▶**電話**で話す
talk on the _______

基本レベル

235 **someone**

サムワン [sʌ́mwʌn]

疑問文・否定文ではふつうanyoneを使う。

▶ **Someone** called my name.

詳しく someoneは**単数扱い**をする。

基本レベル

236 **yet**

イェト [jet]

▶ Have you finished your homework **yet**?

詳しく **No, not yet.**（いいえ，まだです。）などと応じる。

基本レベル

237 **sky**

スカーイ [skai]

▶ There are no clouds in the **sky** today.

詳しく ふつう **the** をつけて使う。

基本レベル

238 **useful**

ユースフォ [jú:sfl]

比 more - most

関連 use

▶ English is a very **useful** language.

基本レベル

239 **breakfast**

ブレクファスト [brékfəst]

関連 lunch

▶ I have **breakfast** every morning.

基本レベル

240 **body**

バーディ [bádi]

▶ a human **body**

基本レベル

241 **art**

アート [ɑ:rt]

関連 artist

▶ I want to study **art** in college.

基本レベル

242 **vegetable**

ヴェヂタボウ [védʒtəbl]

関連 fruit

▶ My grandfather grows **vegetables**.

基本レベル

つづり

243 **once**

ワンス [wʌns]

関連 twice

▶ I have a piano lesson **once** a week.

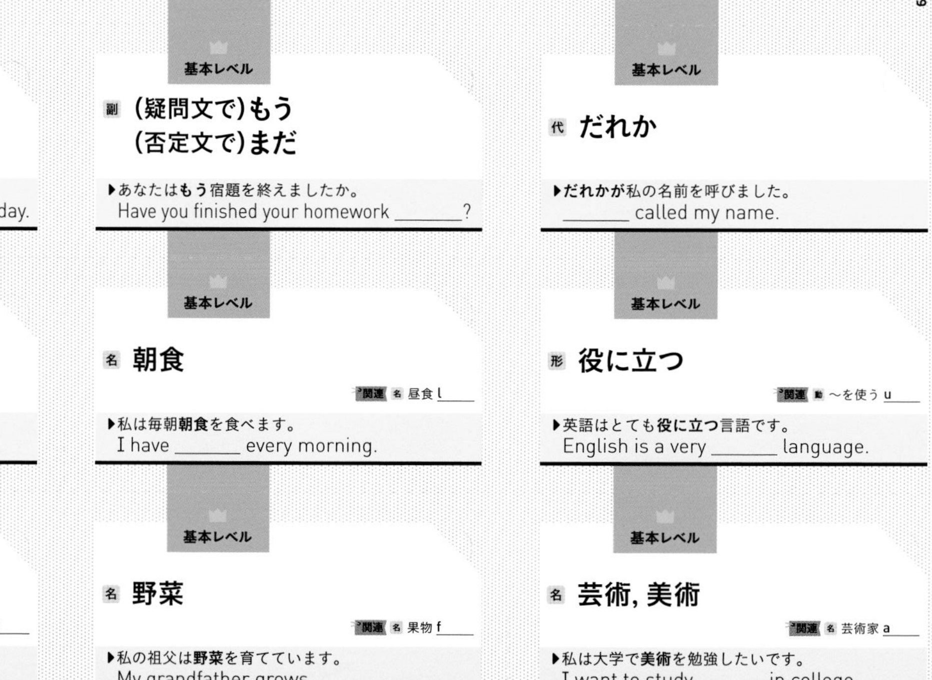

基本レベル

名 **空**

▶きょうは**空**に雲は1つもありません。
There are no clouds in the _______ today.

基本レベル

名 **体**

▶人間の**体**
a human _______

基本レベル　つづり

副 **1回, かつて**

関連 副 2回 t_____

▶私は週に**1度**, ピアノのレッスンがあります。
I have a piano lesson _______ a week.

基本レベル

副 **(疑問文で)もう**
(否定文で)まだ

▶あなたは**もう**宿題を終えましたか。
Have you finished your homework _______?

基本レベル

名 **朝食**

関連 名 昼食 l_____

▶私は毎朝**朝食**を食べます。
I have _______ every morning.

基本レベル

名 **野菜**

関連 名 果物 f_____

▶私の祖父は**野菜**を育てています。
My grandfather grows _______.

基本レベル

代 **だれか**

▶**だれかが**私の名前を呼びました。
_______ called my name.

基本レベル

形 **役に立つ**

関連 動 ～を使う u_____

▶英語はとても**役に立つ**言語です。
English is a very _______ language.

基本レベル

名 **芸術, 美術**

関連 名 芸術家 a_____

▶私は大学で**美術**を勉強したいです。
I want to study _______ in college.

標準レベル

244 cry

cry outで「大声を出す」。

過 cried - cried
3単現 cries
関連 shout

クラーイ [krai]

▶ The baby is **crying**.

標準レベル

245 information

インフォメイション [infərméiʃən]

▶ get **information** on the Internet
詳しく anをつけたり，複数形にしたりしない。

標準レベル　発音

246 news

ニューズ [nju:z]

関連 newspaper

▶ I have good **news** to tell you.
詳しく aをつけたり，複数形にしたりしない。

標準レベル　発音

247 agree

アグリー [əgrí:]

関連 disagree

▶ I **agree** with you.

標準レベル　つづり

248 arrive

アラーイヴ [əráiv]

関連 reach

▶ The train **arrived** at the station at one.

標準レベル

249 chance

by chanceで「偶然に，たまたま」。

チェアンス [tʃæns]

▶ I had a **chance** to talk with Lisa.

標準レベル　発音

250 energy

エナヂ [énərdʒi]

▶ We should save **energy**.

標準レベル

251 history

ヒストウリ [hístəri]

▶ I'm interested in Japanese **history**.
詳しく aをつけたり，複数形にしたりしない。

標準レベル　つづり

252 already

オーゥレディ [ɔ:lrédi]

関連 yet

▶ I've **already** finished my homework.
詳しく ふつう have と過去分詞の間に入れる。

標準レベル　発音

名 **ニュース, 知らせ**

関連 名 新聞 n____

▶あなたに知らせたいよい**知らせ**があります。
I have good _______ to tell you.

標準レベル

名 **機会, チャンス**

▶私はリサと話す**機会**がありました。
I had a _______ to talk with Lisa.

標準レベル　つづり

副 **すでに, もう**

関連 副 もう，まだ y____

▶私は**すでに**宿題を終えています。
I've _______ finished my homework.

標準レベル

名 **情報**

▶インターネットで**情報**を得る
get _______ on the Internet

標準レベル　つづり

動 **到着する**

関連 動 ～に着く r____

▶電車は1時に駅に**到着しました。**
The train _______ at the station at one.

標準レベル

名 **歴史**

▶私は日本の**歴史**に興味があります。
I'm interested in Japanese _______.

標準レベル

動 **泣く, さけぶ**

関連 動 さけぶ s____

▶赤ちゃんが**泣いて**います。
The baby is _______.

標準レベル　発音

動 **同意する**

関連 動 意見が合わない d____

▶私はあなたの意見に**賛成です。**
I _______ with you.

標準レベル　発音

名 **エネルギー**

▶私たちは**エネルギー**を節約するべきです。
We should save _______.

標準レベル

253 **wash**

ワーシュ [wɑʃ]　3単現 washes

▶ **wash** the dishes

標準レベル　つづり

254 **village**

ヴィリヂ [vílidʒ]　関連 town

▶ He was born in a small **village**.

標準レベル

255 **area**

エリア [éəriə]

▶ a parking **area**

標準レベル

256 **maybe**

メイビ [méibi]　関連 probably

▶ **Maybe** he is right.

標準レベル

257 **travel**

トレアヴェゥ [trǽvəl]　関連 trip

▶ I want to **travel** around the world.

標準レベル　つづり

258 **busy**

ビズィ [bízi]　比 busier - busiest　関連 free

▶ Are you **busy** now?

標準レベル

259 **concert**

カーンサ〜ト [kánsəːrt]

▶ Did you go to the **concert** yesterday?

標準レベル

260 **floor**

フローァ [flɔːr]

▶ The office is on the fifth **floor**.

標準レベル　つづり

261 **season**

スィーズン [síːzn]

▶ Which **season** do you like the best?

標準レベル

名 **地域**

▶駐車**区域**
a parking ______

標準レベル　つづり

形 **忙しい**

関連 形 ひまな f____

▶あなたは今，**忙しい**ですか。
Are you ______ now?

標準レベル　つづり

名 **季節**

▶あなたはどの**季節**がいちばん好きですか。
Which ______ do you like the best?

標準レベル　つづり

名 **村**

関連 名 町 t____

▶彼は小さな**村**で生まれました。
He was born in a small ______.

標準レベル

動 **旅行する**
名 **旅行**

関連 名 旅行 t____

▶私は世界中を**旅行し**たい。
I want to ______ around the world.

標準レベル

名 **床，階**

▶その事務所は5**階**にあります。
The office is on the fifth ______.

標準レベル

動 **～を洗う**

▶皿**を洗う**
______ the dishes

標準レベル

副 **もしかしたら（～かもしれない）**

関連 副 たぶん p____

▶**もしかしたら**彼が正しい**かもしれません。**
______ he is right.

標準レベル

名 **コンサート**

▶あなたはきのう**コンサート**に行きましたか。
Did you go to the ______ yesterday?

標準レベル

262 **born**

ボーン [bɔːrn]

▶ I was **born** in Kobe in 2005.

標準レベル

263 **host**

ホウスト [houst]

▶ My **host** family was kind.

標準レベル

264 **afráid**

アフレイド [əfréid]

▶ I'm **afraid** of dogs.

詳しく be afraid of ～で「～をこわがる」。

標準レベル

265 **far**

ファーァ [fɑːr]　比 farther - farthest

▶ Do your grandparents live **far** away?

詳しく far awayで「はるか遠くに，遠くへ」。

標準レベル　発音

266 **close**

close friendで「親友」の意味。

動 クロウズ [klouz]　形 クロウス [klous]　関連 open

▶ Shall I **close** the window?

標準レベル

267 **short**

ショート [ʃɔːrt]　関連 long

▶ The woman with **short** hair is my aunt.

標準レベル　発音

268 **nóthing**

否定の意味を表す。

ナスィング [nʌ́θiŋ]

▶ I have **nothing** to do today.

詳しく I don't have anything to do today. と同じ意味。

標準レベル

269 **excíted**

イクサーイティド [iksáitid]　比 more - most

▶ I was **excited** to see the game.

詳しく be excited to ～で「～して興奮する」。

標準レベル　つづり

270 **field**

a soccer field で「サッカー場」。

フィーウド [fiːld]

▶ work in the **field**

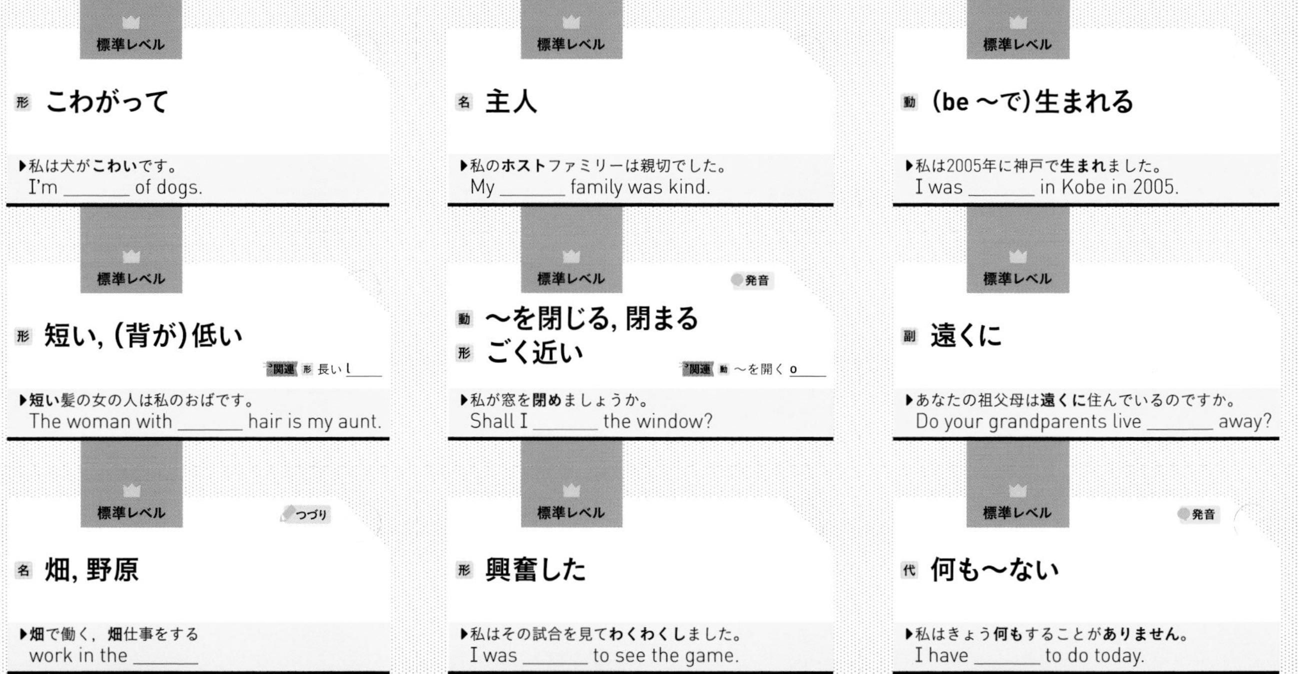

標準レベル

形 **こわがって**

▶私は犬が**こわい**です。
I'm _______ of dogs.

標準レベル

名 **主人**

▶私の**ホスト**ファミリーは親切でした。
My _______ family was kind.

標準レベル

動 **(be ～で)生まれる**

▶私は2005年に神戸で**生まれ**ました。
I was _______ in Kobe in 2005.

標準レベル

形 **短い, (背が)低い**

関連 形 長い l_____

▶**短い**髪の女の人は私のおばです。
The woman with _______ hair is my aunt.

標準レベル　発音

動 **～を閉じる, 閉まる**
形 **ごく近い**

関連 動 ～を開く o_____

▶私が窓を**閉め**ましょうか。
Shall I _______ the window?

標準レベル

副 **遠くに**

▶あなたの祖父母は**遠くに**住んでいるのですか。
Do your grandparents live _______ away?

標準レベル　つづり

名 **畑, 野原**

▶**畑**で働く, **畑**仕事をする
work in the _______

標準レベル

形 **興奮した**

▶私はその試合を見て**わくわくし**ました。
I was _______ to see the game.

標準レベル　発音

代 **何も～ない**

▶私はきょう**何も**することが**ありません**。
I have _______ to do today.

標準レベル つづり

271 **wrong**

What's wrong? で「どうしましたか」の意味。

ローング [rɔ:ŋ]　関連 right

▶ You have the **wrong** number.

標準レベル

272 **almost**

オーゥモウスト [ɔ́:lmoust]

▶ **almost** every day

標準レベル

273 **finally**

ファーイナリ [fáinəli]　関連 final

▶ I've **finally** finished my homework.

標準レベル

274 **reason**

リーズン [rí:zn]

▶ Tell me the **reason**.

標準レベル 発音

275 **however**

butより形式ばった語。

ハウエヴァァ [hauévər]

▶ I like cats. **However** my wife doesn't.

標準レベル

276 **pass**

「合格する」という意味もある。

ペアス [pæs]

▶ Would you **pass** me the salt, please?

標準レベル

277 **traditional**

トラディショナゥ [trədíʃənəl]　関連 tradition

▶ study **traditional** Japanese culture

標準レベル

278 **snow**

スノウ [snou]　関連 snowy

▶ We had a lot of **snow** last night.

標準レベル 発音 つづり

279 **poor**

プアァ [puər]　関連 rich

▶ The man was **poor** when he was young.

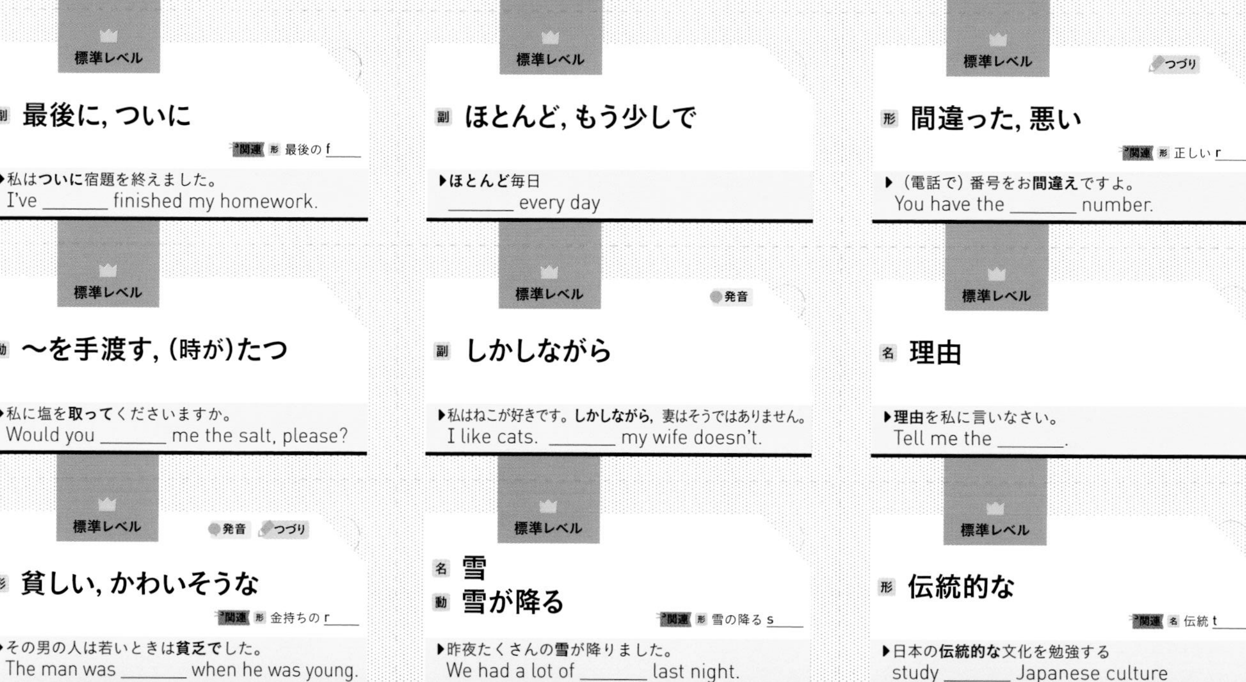

標準レベル

副 **最後に, ついに**

関連 形 最後の f＿＿

▶私は**ついに**宿題を終えました。
I've ＿＿＿＿ finished my homework.

標準レベル

副 **ほとんど, もう少しで**

▶**ほとんど**毎日
＿＿＿＿ every day

標準レベル　つづり

形 **間違った, 悪い**

関連 形 正しい r＿＿

▶（電話で）番号をお**間違え**ですよ。
You have the ＿＿＿＿ number.

標準レベル

動 **～を手渡す, (時が)たつ**

▶私に塩を**取って**くださいますか。
Would you ＿＿＿＿ me the salt, please?

標準レベル　発音

副 **しかしながら**

▶私はねこが好きです。**しかしながら**，妻はそうではありません。
I like cats. ＿＿＿＿ my wife doesn't.

標準レベル

名 **理由**

▶**理由**を私に言いなさい。
Tell me the ＿＿＿＿.

標準レベル　発音　つづり

形 **貧しい, かわいそうな**

関連 形 金持ちの r＿＿

▶その男の人は若いときは**貧乏**でした。
The man was ＿＿＿＿ when he was young.

標準レベル

名 **雪**
動 **雪が降る**

関連 形 雪の降る s＿＿

▶昨夜たくさんの**雪**が降りました。
We had a lot of ＿＿＿＿ last night.

標準レベル

形 **伝統的な**

関連 名 伝統 t＿＿

▶日本の**伝統的な**文化を勉強する
study ＿＿＿＿ Japanese culture

標準レベル

280 ground

グラーウンド [graund]

▶ under the **ground**

標準レベル　発音

281 war

ウォーァ [wɔːr]　関連 peace

▶ His son was killed in the **war**.

標準レベル

282 power

パーウアァ [páuər]

▶ the **power** of nature

標準レベル

283 race

レイス [reis]

▶ Who won the **race**?

標準レベル

284 window

ウィンドウ [wíndou]　関連 door

▶ Can you open the **window**?

標準レベル

285 feeling

フィーリング [fíːliŋ]　関連 feel

▶ understand other people's **feelings**

標準レベル　つづり

286 lie

ラーイ [lai]　過 lay - lain　ing形 lying

▶ Don't tell a **lie**.

標準レベル

287 save

セイヴ [seiv]

▶ do something to **save** the earth

標準レベル

288 top

タープ [tɑp]　関連 bottom

▶ at the **top** of the mountain

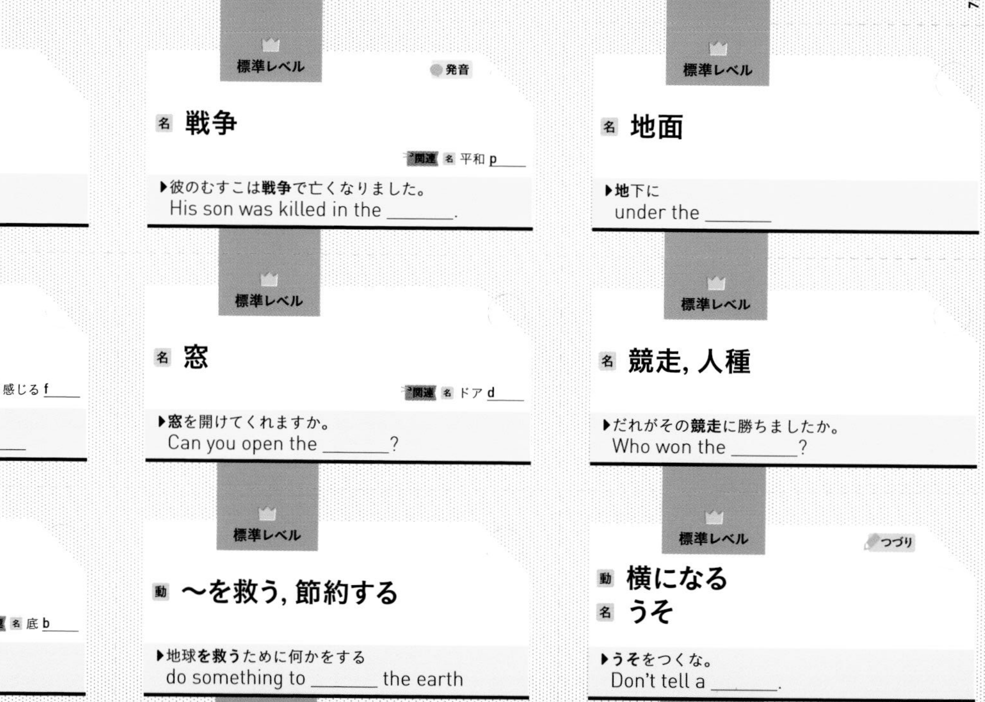

標準レベル

名 力（ちから）

▶自然の**力**
the ______ of nature

標準レベル

名 気持ち, 感情

関連 動 感じる f____

▶他人の**気持ち**を理解する
understand other people's ______

標準レベル

名 頂上

関連 名 底 b____

▶その山の**頂上**で
at the ______ of the mountain

標準レベル　発音

名 戦争

関連 名 平和 p____

▶彼のむすこは**戦争**で亡くなりました。
His son was killed in the ______.

標準レベル

名 窓

関連 名 ドア d____

▶**窓**を開けてくれますか。
Can you open the ______?

標準レベル

動 ～を救う, 節約する

▶地球**を救う**ために何かをする
do something to ______ the earth

標準レベル

名 地面

▶**地**下に
under the ______

標準レベル

名 競走, 人種

▶だれがその**競走**に勝ちましたか。
Who won the ______?

標準レベル　つづり

動 横になる
名 うそ

▶**うそ**をつくな。
Don't tell a ______.

標準レベル

289 **event**

イヴェント [ivént]

▶ join a school **event**

標準レベル

290 **hungry**

つづり

ハングリ [hʌ́ŋgri]

関連 hunger

▶ I'm very **hungry**.

標準レベル

291 **piece**

つづり

ピース [piːs]

▶ Please give me a **piece** of paper.

詳しく a piece of ～は数えられない名詞に使う。

標準レベル

292 **classmate**

クレアスメイト [klǽsmeit]

関連 class

▶ I had lunch with my **classmates**.

標準レベル

293 **age**

エイヂ [eidʒ]

▶ He came to Japan at the **age** of twenty.

詳しく at the age of ～で「～歳のときに」。

標準レベル

294 **laugh**

つづり

レアフ [læf]

関連 smile

▶ Everyone **laughed** at the funny story.

標準レベル

295 **land**

動詞で「着陸する」という意味もある。

レアンド [lænd]

関連 sea

▶ wild **land**

標準レベル

296 **weekend**

ウィーケンド [wíːkend]

▶ What did you do last **weekend**?

標準レベル

297 **company**

カンパニ [kʌ́mpəni]

複 companies

▶ He works at a food **company**.

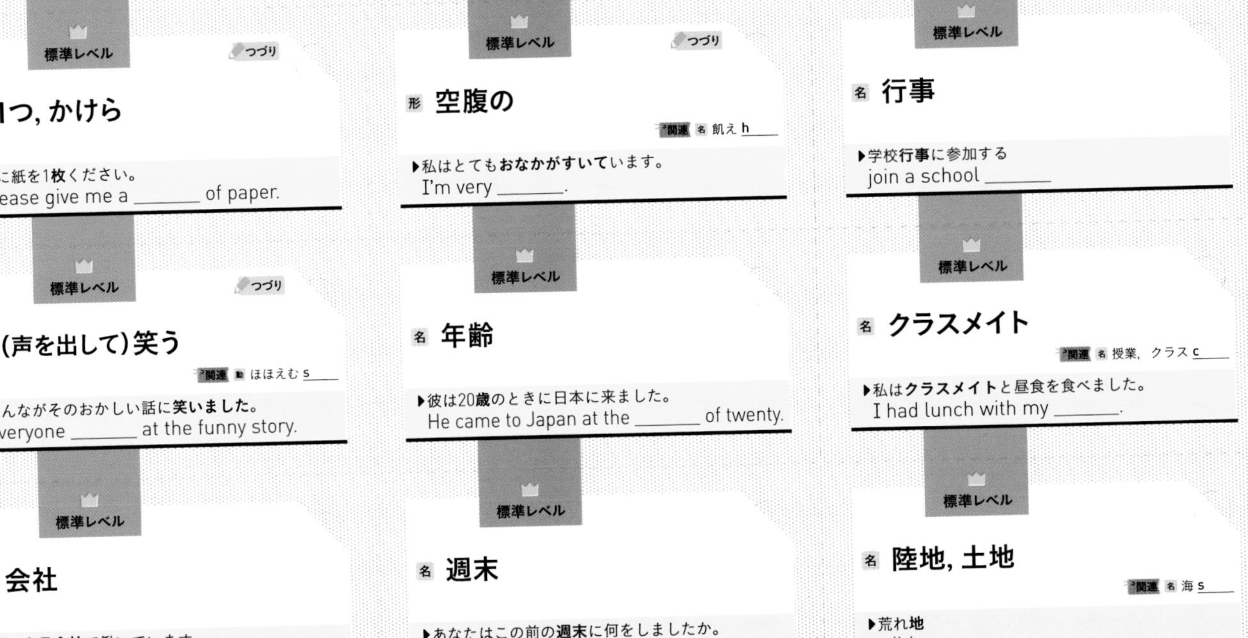

標準レベル　つづり

名 **1つ, かけら**

▶私に紙を1**枚**ください。
Please give me a ______ of paper.

標準レベル　つづり

動 **(声を出して)笑う**

関連 動 ほほえむ s____

▶みんながそのおかしい話に**笑いました。**
Everyone ______ at the funny story.

標準レベル

名 **会社**

▶彼は食品**会社**で働いています。
He works at a food ______.

標準レベル　つづり

形 **空腹の**

関連 名 飢え h____

▶私はとても**おなかがすいて**います。
I'm very ______.

標準レベル

名 **年齢**

▶彼は20**歳**のときに日本に来ました。
He came to Japan at the ______ of twenty.

標準レベル

名 **週末**

▶あなたはこの前の**週末**に何をしましたか。
What did you do last ______?

標準レベル

名 **行事**

▶学校**行事**に参加する
join a school ______

標準レベル

名 **クラスメイト**

関連 名 授業, クラス c____

▶私は**クラスメイト**と昼食を食べました。
I had lunch with my ______.

標準レベル

名 **陸地, 土地**

関連 名 海 s____

▶荒れ**地**
wild ______

標準レベル

298 contest

カーンテスト [kántest]

▶ have a chorus **contest**

標準レベル

299 else

エウス [els]

▶ Anything **else**?

詳しく 飲食店でよく使われる表現。

標準レベル

300 farm

ファーム [fɑ:rm]

関連 farmer

▶ work on a **farm**

標準レベル　つづり

301 heart

ハート [hɑ:rt]

▶ She has a warm **heart**.

標準レベル

302 lake

レイク [leik]

関連 pond

▶ **Lake** Biwa is the largest **lake** in Japan.

標準レベル　つづり

303 fight

ファーイト [fait]

fight against ～ で「～と戦う」。

過 fought - fought

▶ **fight** for my country

標準レベル

304 return

リタ～ン [ritə́:rn]

▶ **return** a book to the library

標準レベル　つづり

305 thousand

サーウザンド [θáuzənd]

関連 hundred

▶ This pencil case was two **thousand** yen.

標準レベル

306 graph

グレアフ [græf]

▶ This line **graph** shows the temperature.

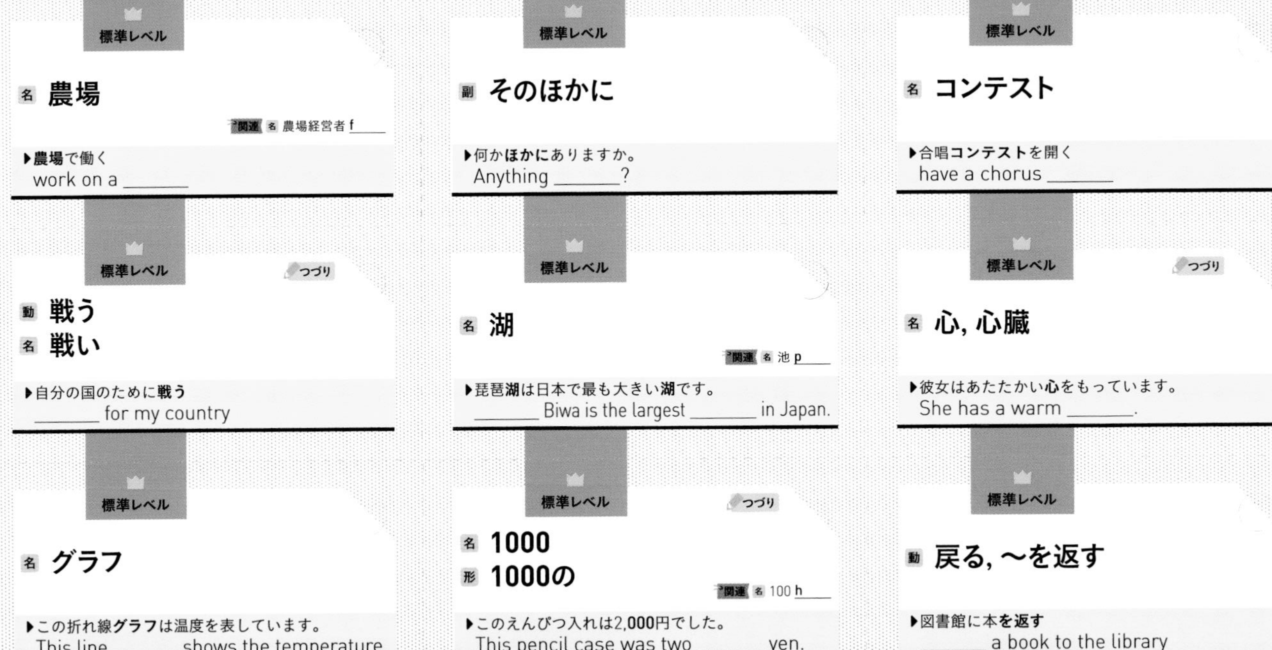

標準レベル

名 **農場**

関連 名 農場経営者 f____

▶**農場**で働く
work on a ____

標準レベル つづり

動 **戦う**
名 **戦い**

▶自分の国のために**戦う**
____ for my country

標準レベル

名 **グラフ**

▶この折れ線**グラフ**は温度を表しています。
This line ____ shows the temperature.

標準レベル

副 **そのほかに**

▶何か**ほかに**ありますか。
Anything ____?

標準レベル

名 **湖**

関連 名 池 p____

▶琵琶**湖**は日本で最も大きい**湖**です。
____ Biwa is the largest ____ in Japan.

標準レベル つづり

名 **1000**
形 **1000の**

関連 名 100 h____

▶このえんぴつ入れは**2,000**円でした。
This pencil case was two ____ yen.

標準レベル

名 **コンテスト**

▶合唱**コンテスト**を開く
have a chorus ____

標準レベル つづり

名 **心, 心臓**

▶彼女はあたたかい**心**をもっています。
She has a warm ____.

標準レベル

動 **戻る, ～を返す**

▶図書館に本**を返す**
____ a book to the library

標準レベル

307 dear

ディアァ [diər]

▶ **Dear** Mr. Smith,

詳しく 手紙で使う表現。

標準レベル

308 ice

アイス [ais]

数えられない名詞。an をつけたり，複数形にしたりしない。

▶ My daughter loves **ice** cream.

標準レベル

309 mind

マーインド [maind]

▶ I made up my **mind** to be a nurse.

詳しく **make up my mind**で「**決心する**」。

標準レベル

310 wood

ウッド [wud]

▶ This table is made of **wood**.

標準レベル

311 explain

イクスプレイン [ikspléin]

▶ Can you **explain** these words in English?

標準レベル

312 climb

発音 つづり

クラーイム [klaim]

climb の b は発音しない。

▶ **climb** a mountain

標準レベル

313 line

ラーイン [lain]

▶ Which **line** should I take?

標準レベル

314 wind

ウィンド [wind]

関連 windy

▶ The **wind** is blowing hard.

標準レベル

315 color

つづり

カラァ [kʌ́lər]

関連 colorful

▶ I like the **color**, but it's small.

標準レベル

名 **心, 精神**
動 **～をいやがる**

▶私は看護師になる決**心**をしました。
I made up my _______ to be a nurse.

標準レベル　発音　つづり

動 **～を登る**

▶山**に登る**
_______ a mountain

標準レベル　つづり

名 **色**

関連 形 色彩豊かな c_____

▶**色**は気に入っていますが，小さいです。
I like the _______, but it's small.

標準レベル

名 **氷**

▶私の娘は**アイス**クリームが大好きです。
My daughter loves _______ cream.

標準レベル

動 **～を説明する**

▶これらの単語を英語で**説明で**きますか。
Can you _______ these words in English?

標準レベル

名 **風**

関連 形 風の強い w_____

▶**風**が強く吹いています。
The _______ is blowing hard.

標準レベル

形 **(手紙で)親愛なる～様**

▶**親愛なる**スミス様
_______ Mr. Smith,

標準レベル

名 **木材, (複数形で)森**

▶このテーブルは**木**でできています。
This table is made of _______.

標準レベル

名 **線, 電車の路線**

▶どの**路線**に乗ればいいですか。
Which _______ should I take?

標準レベル

316 dish

ディッシュ [diʃ]

▶ I'll do[wash] the **dishes**.

標準レベル

317 produce 発音

プロデュース [prədjúːs]　関連 product

▶ **produce** energy

標準レベル

318 difference つづり

ディファレンス [dífərəns]　関連 different

▶ the **difference** between the two computers

標準レベル

319 nature

ネイチャァ [néitʃər]　関連 natural

▶ We have to keep **nature** beautiful.

標準レベル

320 sunny

サニ [sʌ́ni]　関連 sun

▶ It'll be **sunny** tomorrow.

標準レベル

321 dark

ダーク [dɑːrk]

▶ It's getting **dark** outside.

標準レベル

322 hall

ホーゥ [hɔːl]

▶ Where's **City Hall**?

詳しく ふつう，City Hallのように大文字で始める。

標準レベル

323 university　複 universities

ユーニヴァ～スィティ [juːnəvə́ːrsəti]　関連 college

▶ study science at a **university**

標準レベル

324 report

リポート [ripɔ́ːrt]　関連 reporter

▶ I wrote a **report** about volunteer work.

標準レベル　つづり

名 **違い**

関連 形 違った d____

▶それら2つのコンピューターの**違い**
the ______ between the two computers

標準レベル

形 **暗い**

▶外は**暗く**なってきています。
It's getting ______ outside.

標準レベル

名 **報告, レポート**

関連 名 報道記者 r____

▶私はボランティア活動について**レポート**を書きました。
I wrote a ______ about volunteer work.

標準レベル　発音

動 **～を生産する**

関連 名 製品 p____

▶エネルギー**を生産する**
______ energy

標準レベル

形 **明るく日のさす**

関連 名 太陽 s____

▶あすは**晴れで**しょう。
It'll be ______ tomorrow.

標準レベル

名 **(総合)大学**

関連 名 大学 c____

▶**大学**で科学を学ぶ
study science at a ______

標準レベル

名 **皿, 料理**

▶私が**皿**を洗います。
I'll do[wash] the ______.

標準レベル

名 **自然**

関連 形 自然の n____

▶私たちは**自然**を美しく保たなければなりません。
We have to keep ______ beautiful.

標準レベル

名 **会館, ホール**

▶**市役所**はどこにありますか。
Where's **City** ______?

標準レベル　つづり

325 hundred

ハンドレッド [hʌ́ndred]

hundreds of 〜で「何百もの〜」。

▸ about five **hundred** years ago

詳しく 前が数を表す語のとき，**hundred**にsはつかない。

標準レベル

326 beach

ビーチ [biːtʃ]

▸ walk along the **beach**

標準レベル　発音

327 continue

コンティニュー [kəntínjuː]

▸ He **continued** to study English.

詳しく He continued studying English. とも言う。

標準レベル

328 side

サーイド [said]

both sidesで「両側」。

▸ on the other **side** of the street

標準レベル

329 angry

エァングリ [ǽŋgri]

関連 anger

▸ She got **angry** with me.

標準レベル

330 alone

アロウン [əlóun]

▸ My grandfather lives **alone**.

標準レベル

331 foot

フット [fut]

複 feet

関連 leg

▸ go to school on **foot**

詳しく **on foot**で「歩いて」。

標準レベル

332 forest

フォーリスト [fɔ́ːrist]

▸ She likes to walk in the **forest**.

標準レベル　つづり

333 environment

インヴァーイランメント [inváirənmənt]

▸ We should protect the **environment**.

標準レベル　発音

動 **～を続ける**

▶彼は英語を勉強し**続けました。**
He _______ to study English.

標準レベル

副 **ひとりで**

▶私の祖父は**ひとりで**住んでいます。
My grandfather lives _______.

標準レベル　つづり

名 **環境**

▶私たちは**環境**を守るべきです。
We should protect the _______.

標準レベル

名 **浜辺**

▶**浜辺**に沿って歩く
walk along the _______

標準レベル

形 **(かんかんに)怒った**

関連 名 怒り a_____

▶彼女は私に対して**腹を立て**ました。
She got _______ with me.

標準レベル

名 **森**

▶彼女は**森**の中を歩くのが好きです。
She likes to walk in the _______.

標準レベル　つづり

名 **100**
形 **100の**

▶約500年前
about five _______ years ago

標準レベル

名 **側面**

▶通りの反対**側**に
on the other _______ of the street

標準レベル

名 **足(足首から下の部分)，フィート《長さの単位》**

関連 名 脚 l_____

▶**歩いて**学校へ行く
go to school on _______

標準レベル

334 **ready**

レディ[rédi]

▶ Are you **ready** to leave?

詳しく be ready to ～で「～する準備ができている」。

標準レベル

335 **rule**

ルーゥ[ru:l]

▶ We must follow the **rules**.

標準レベル

336 **subject**

サブヂェクト[sʌ́bdʒekt]

▶ What's your favorite **subject**?

標準レベル

337 **project**

planの大がかりなもの。

プラーヂェクト[prádʒekt]

関連 plan

▶ Could you tell us about the **project**?

標準レベル

発音

338 **clothes**

クロウズ[klouz]

関連 cloth

▶ She has to change **clothes** right now.

標準レベル

339 **voice**

ヴォーイス[vɔis]

▶ in a low **voice**

標準レベル

340 **plane**

プレイン[plein]

関連 ship

▶ I'll go to Osaka by **plane**.

標準レベル

341 **temple**

テンポゥ[témpl]

関連 shrine

▶ This **temple** was built 500 years ago.

標準レベル

つづり

342 **touch**

タッチ[tʌtʃ]

▶ Don't **touch** the paintings.

標準レベル

名 **教科, (メールなどの)件名**

▶あなたの大好きな**教科**は何ですか。
What's your favorite _______?

標準レベル

名 **規則**
動 **～を支配する**

▶私たちは**規則**に従わなければなりません。
We must follow the _______.

標準レベル

形 **準備ができた**

▶出発する**準備ができて**いますか。
Are you _______ to leave?

標準レベル

名 **声**

▶低い**声**で
in a low _______

標準レベル　発音

名 **衣服**

関連 名 布 c_____

▶彼女は今すぐに**服**を着替えなければなりません。
She has to change _______ right now.

標準レベル

名 **計画**

関連 名 予定 p_____

▶私たちにその**計画**について話していただけますか。
Could you tell us about the _______?

標準レベル　つづり

動 **～にさわる**

▶絵に**さわって**はいけません。
Don't _______ the paintings.

標準レベル

名 **寺**

関連 名 神社 s_____

▶この**寺**は500年前に建てられました。
This _______ was built 500 years ago.

標準レベル

名 **飛行機**

関連 名 船 s_____

▶私は**飛行機**で大阪へ行きます。
I'll go to Osaka by _______.

標準レベル

343 **suddenly**

サドンリ [sʌ́dnli]

▸ **Suddenly** it started raining.

標準レベル

344 **machine**

つづり

マシーン [məʃíːn]

▸ This vending **machine** doesn't work.

標準レベル

345 **collect**

コレクト [kəlékt]

関連 collection

▸ He **collected** cans as volunteer work.

標準レベル

346 **million**

ミリョン [míljən]

関連 billion

▸ There are two **million** people in this city.

標準レベル

347 **fact**

フェアクト [fækt]

▸ in **fact**

標準レベル

348 **plastic**

プレアスティク [plǽstik]

▸ use cloth bags instead of **plastic** bags

標準レベル

349 **pick**

pick up ～ で「～を拾い上げる」。

ピック [pik]

▸ **pick** tea leaves

標準レベル

350 **corner**

コーナァ [kɔ́ːrnər]

▸ Turn right at the third **corner**.

標準レベル

351 **reach**

リーチ [riːtʃ]

関連 get to ～

▸ We will **reach** Tokyo soon.

詳しく あとに **to** や **at** などの前置詞はつかない。

標準レベル

動 **〜を集める**

関連 名 収集 c______

▶彼はボランティア活動として缶**を集めました。**
He ______ cans as volunteer work.

標準レベル

形 **プラスチックの**

▶**ビニール**袋のかわりに布の袋を使う
use cloth bags instead of ______ bags

標準レベル

動 **〜に着く, 届く**

関連 〜に着く g______ to 〜

▶私たちはまもなく東京**に着く**でしょう。
We will ______ Tokyo soon.

標準レベル　つづり

名 **機械**

▶この自動販売**機**は動いていません。
This vending ______ doesn't work.

標準レベル

名 **事実**

▶**実**は
in ______

標準レベル

名 **角**（かど）

▶3つ目の**角**を右に曲がってください。
Turn right at the third ______.

標準レベル

副 **突然**

▶**突然**雨が降りだしました。
______ it started raining.

標準レベル

名 **100万**
形 **100万の**

関連 名 10億 b______

▶この市には**200万**人の人がいます。
There are two ______ people in this city.

標準レベル

動 **〜をつむ, 〜を選ぶ**

▶お茶の葉**をつむ**
______ tea leaves

標準レベル

352 **rock**

ラーク[rɑk] 関連 stone

▶ I like **rock** music better than jazz.

標準レベル

353 **imagine**

イメァヂン[imǽdʒin]

▶ I can't **imagine** that he was a doctor.

標準レベル

354 **seat**

スィート[siːt]

▶ I gave my **seat** to an old woman.

標準レベル 発音

355 **delicious**

ディリシャス[dilíʃəs]

▶ This pizza looks **delicious**.

標準レベル つづり

356 **dollar**

dollar はアメリカなどの通貨単位。

ダーラァ[dɑ́lər]

▶ This T-shirt was twelve **dollars**.

標準レベル

357 **ocean**

オウシャン[óuʃən]

▶ the Pacific **Ocean**

詳しく ふつう the をつけて使う。

標準レベル つづり

358 **uncle**

アンコウ[ʌ́ŋkl] 関連 aunt

▶ I visited my **uncle** last Sunday.

標準レベル

359 **lucky**

比 luckier - luckiest

ラキ[lʌ́ki] 関連 luck

▶ I was **lucky** to find my bike key.

標準レベル つづり

360 **forward**

フォーワド[fɔ́ːrwərd]

▶ I'm **looking forward to** seeing you.

詳しく look forward to ～で「～を楽しみに待つ」の意味。

標準レベル

名 **座席**

▶私は年配の女性に**席**をゆずりました。
I gave my ______ to an old woman.

標準レベル

名 **大洋, 海**

▶**太平洋**
the Pacific ______

標準レベル　つづり

副 **前方へ**

▶私はあなたに会うことを**楽しみにしてい**ます。
I'm **looking** ______ **to** seeing you.

標準レベル

動 **～を想像する**

▶彼が医師だったなんて私には**想像で**きません。
I can't ______ that he was a doctor.

標準レベル　つづり

名 **ドル**

▶このTシャツは12**ドル**でした。
This T-shirt was twelve ______.

標準レベル

形 **幸運な**

関連 名 運 l______

▶私は自転車のかぎが見つかって**幸運で**した。
I was ______ to find my bike key.

標準レベル

名 **岩, (音楽の)ロック**

関連 名 石 s______

▶私はジャズより**ロック**音楽のほうが好きです。
I like ______ music better than jazz.

標準レベル　発音

形 **とてもおいしい**

▶このピザは**とてもおいし**そうに見えます。
This pizza looks ______.

標準レベル　つづり

名 **おじ**

関連 名 おば a______

▶私はこの前の日曜日に**おじ**を訪ねました。
I visited my ______ last Sunday.

標準レベル

361 wall

ウォーゥ [wɔːl]

▶ There is a picture on the **wall**.

標準レベル

362 bottle

バートォ [bátl]

関連 can

▶ They recycle these **bottles**.

標準レベル

363 quickly

クウィクリ [kwíkli]

比 more - most

関連 quick

▶ We walked **quickly** to the station.

標準レベル

364 shoe

シュー [ʃuː]

▶ Take off your **shoes** here.

詳しく ふつう**複数形**で使う。

標準レベル

365 ski

スキー [skiː]

関連 skate

▶ go **skiing**

標準レベル

366 view

ヴュー [vjuː]

a point of viewで「**観点，意見**」の意味。

▶ a fine **view** of Kyoto

標準レベル

367 ticket

ティキット [tíkit]

▶ I got two **tickets** for the concert.

標準レベル

368 road

ロウド [roud]

発音

▶ a **road** map

標準レベル

369 goal

ゴウゥ [goul]

発音 つづり

▶ score a **goal**

標準レベル

副 **すばやく**

関連 形 すばやい q____

▶私たちは駅まで**すばやく**歩きました。
We walked ______ to the station.

標準レベル

名 **ながめ, 物の見方**

▶京都のすばらしい**ながめ**
a fine ______ of Kyoto

標準レベル　発音　つづり

名 **ゴール, 目標**

▶（サッカーなどで）**1点**を入れる
score a ______

標準レベル

名 **びん**

関連 名 缶 c____

▶彼らはこれらの**びん**をリサイクルします。
They recycle these ______.

標準レベル

動 **スキーをする**
名 **スキー板**

関連 動 スケートをする s____

▶**スキー**に行く
go ______

標準レベル　発音

名 **道路**

▶**道路**地図
a ______ map

標準レベル

名 **壁**

▶**壁**に絵がかかっています。
There is a picture on the ______.

標準レベル

名 **くつ**

▶ここで**くつ**を脱ぎなさい。
Take off your ______ here.

標準レベル

名 **切符, チケット**

▶私はコンサートの**チケット**を2枚手に入れました。
I got two ______ for the concert.

標準レベル

370 fan

フェアン [fæn]

▸ I'm a baseball **fan**.

標準レベル

371 meeting

ミーティング [míːtiŋ]

関連 meet

▸ have a soccer club **meeting**

標準レベル

372 post office

ポウスト オーフィス [póust ɔːfis]

▸ Do you know where the **post office** is?

標準レベル

373 strange

ストレインヂ [streindʒ]

関連 stranger

▸ I heard a **strange** sound.

標準レベル

374 abroad

アブロード [əbrɔ́ːd]

関連 foreign

▸ study **abroad**

標準レベル

375 center

センタァ [séntər]

関連 middle

▸ A new shopping **center** opened.

標準レベル

376 local

ロウカゥ [lóukəl]

▸ **local** time

標準レベル

発音

377 tower

タウアァ [táuər]

▸ The **tower** is 634 meters high.

標準レベル

378 order

オーダァ [ɔ́ːrdər]

▸ May I take your **order**?

標準レベル

名 **郵便局**

▶**郵便局**がどこにあるか知っていますか。
Do you know where the ___ ___ is?

標準レベル

名 **中心, センター**

関連 名 真ん中 m____

▶新しいショッピング**センター**がオープンしました。
A new shopping ______ opened.

標準レベル

名 **注文**
動 **～を注文する**

▶**ご注文**をおうかがいしてもよろしいですか。
May I take your ______?

標準レベル

名 **会合, 会議**

関連 動 ～に会う m____

▶サッカー部の**会合**を開く
have a soccer club ______

標準レベル

副 **外国に**

関連 形 外国の f____

▶**留**学する, **外国で**勉強する
study ______

標準レベル

発音

名 **塔, タワー**

▶その**タワー**は634メートルの高さです。
The ______ is 634 meters high.

標準レベル

名 **ファン, うちわ**

▶私は野球の**ファン**です。
I'm a baseball ______.

標準レベル

形 **奇妙な**

関連 名 見知らぬ人 s____

▶私は**奇妙な**音を聞きました。
I heard a ______ sound.

標準レベル

形 **地元の, その地域の**

▶**現地**時間
______ time

標準レベル

379 full

フゥ[ful]　関連 empty

▶ The hall was **full** of people.

詳しく be full of ～で「～でいっぱいである」。

標準レベル　発音

380 ìsland

アイランド[áilənd]　関連 land

▶ Japan is an **island** country.

標準レベル

381 kid

キッド[kid]　ing形 kidding

▶ No **kidding**!

標準レベル

382 jump

チャンプ[dʒʌmp]

▶ **jump** out of bed

標準レベル

383 matter

メアタァ[mǽtər]

▶ What's the **matter**?

詳しく What's wrong? とたずねることもできる。

標準レベル

384 photo

photographを省略した形。

フォウトウ[fóutou]　関連 picture

▶ This is a **photo** taken by my uncle.

標準レベル　つづり

385 tour

トゥアァ[tuər]　関連 tourist

▶ join a **tour**

標準レベル

386 acròss

アクロース[əkrɔ́:s]　関連 along

▶ walk **across** the street

標準レベル

387 àirport

エアポート[éərpɔ:rt]

▶ go to the **airport** to meet my aunt

標準レベル

名 **子ども（childのくだけた言い方）**
動 **からかう**

▶冗談でしょう！
No ________!

標準レベル

名 **写真**

関連 名 写真，絵 p____

▶これは私のおじが撮った**写真**です。
This is a ________ taken by my uncle.

標準レベル

名 **空港**

▶私のおばに会いに**空港**に行く
go to the ________ to meet my aunt

標準レベル　発音

名 **島**

関連 名 陸地，土地 l____

▶日本は**島**国です。
Japan is an ________ country.

標準レベル

名 **事がら，問題**

▶どうかしたの？
What's the ________?

標準レベル

前 **～を横切って**

関連 前 ～に沿って a____

▶通りを歩いて**横切る**
walk ________ the street

標準レベル

形 **いっぱいの**

関連 形 空（から）の e____

▶ホールは人で**いっぱい**でした。
The hall was ________ of people.

標準レベル

動 **とぶ，ジャンプする**

▶ベッドから**とび**出す
________ out of bed

標準レベル　つづり

名 **旅行**

関連 名 観光客 t____

▶**ツアー**に参加する
join a ________

標準レベル

388 **expensive**

イクスペンスイヴ[ikspénsiv] 比 more - most

▶ This camera is very **expensive**.

標準レベル　つづり

389 **business**

ビズニス[bíznis] 関連 busy

▶ on **business**

標準レベル

390 **meal**

ミーウ[mi:l]

▶ eat three **meals** every day

標準レベル

391 **deep**

ディープ[di:p]

▶ How **deep** is the river?

標準レベル　つづり

392 **guess**

ゲス[ges]

▶ Can you **guess** what it is?

標準レベル　つづり

393 **receive**

リスィーヴ[risí:v] 関連 send

▶ I **received** a letter from him.

標準レベル

394 **repeat**

リピート[ripí:t]

▶ She **repeated** the word.

標準レベル

395 **cute**

キュート[kju:t]

▶ Your red hat is very **cute**.

標準レベル

396 **actually**

エアクチュアリ[ǽktʃuəli]

▶ **Actually** I don't like cats.

標準レベル

名 **食事**

▶毎日3**食**食べる
eat three _______ every day

標準レベル つづり

動 **～を受け取る**

関連 動 ～を送る s____

▶私は彼から手紙**を受け取りました**。
I _______ a letter from him.

標準レベル

副 **実際には**

▶**実は**私はねこが好きではありません。
_______ I don't like cats.

標準レベル つづり

名 **仕事**

関連 形 忙しい b____

▶**仕事**で
on _______

標準レベル つづり

動 **～を推測する，言い当てる**

▶あなたはそれが何か**当てら**れますか[**推測で**きますか]。
Can you _______ what it is?

標準レベル

形 **かわいい**

▶あなたの赤いぼうしはとても**かわいい**。
Your red hat is very _______.

標準レベル

形 **高価な**

▶このカメラはとても**高価で**す。
This camera is very _______.

標準レベル

形 **深い**
副 **深く**

▶その川はどのくらい**深い**ですか。
How _______ is the river?

標準レベル

動 **～をくり返す**

▶彼女はその言葉**をくり返しました**。
She _______ the word.

標準レベル
397 anyone
エニワン [éniwʌn]
肯定文ではsomeoneを使う。
▶ Does **anyone** know her name?

標準レベル
398 planet
プレァニト [plǽnit]
地球，火星など太陽のまわりを回っている星。
▶ our **planet**

標準レベル
399 design
つづり
ディザーイン [dizáin]
▶ change the **design**

標準レベル
400 singer
スィンガァ [síŋər]
関連 sing
▶ I'm not a good **singer**.
詳しく I don't sing well. と言いかえることもできる。

標準レベル
401 recycle
リーサイコゥ [riːsáikl]
▶ **recycle** plastic bottles

標準レベル
402 wife
ワーイフ [waif]
複 wives
関連 husband
▶ Do you know his **wife**?

標準レベル
403 slowly
スロウリ [slóuli]
比 more - most
関連 slow
▶ Could you speak more **slowly**?

標準レベル
404 rest
レスト [rest]
▶ take[have] a **rest**
詳しく take[have] a break と同じ意味。

標準レベル
405 half
つづり
ヘァフ [hæf]
「1時間半」はone and a half hoursと言う。
複 halves
▶ walk for **half** an hour

標準レベル　つづり

名 **デザイン**
動 **〜を設計する**

▶**デザイン**を変える
change the ______

標準レベル

名 **妻**

関連 名 夫 h______

▶あなたは彼の**奥さん**を知っていますか。
Do you know his ______?

標準レベル　つづり

名 **半分**
形 **半分の**

▶30分間歩く
walk for ______ an hour

標準レベル

名 **惑星**

▶私たちの**惑星**
our ______

標準レベル

動 **〜をリサイクルする**

▶ペットボトル**をリサイクルする**
______ plastic bottles

標準レベル

名 **休息**

▶**休息**をとる
take[have] a ______

標準レベル

代 **(疑問文で)だれか**
(否定文で)だれも(〜ない)

▶**だれか**彼女の名前を知っていますか。
Does ______ know her name?

標準レベル

名 **歌手**

関連 動 歌う s______

▶私は歌がじょうずではありません。
I'm not a good ______.

標準レベル

副 **ゆっくりと**

関連 形 遅い s______

▶もっと**ゆっくりと**話してくださいませんか。
Could you speak more ______?

標準レベル　つづり

406 heavy

ヘヴィ[hévi]

比 heavier - heaviest

関連 light

▶ This box is too **heavy** for me to carry.

標準レベル

407 mistake

ミステイク[mistéik]

過 mistook - mistaken

▶ Don't be afraid of making **mistakes**.

標準レベル

408 police

ポリース[pəlíːs]

the policeは組織全体をさすので複数扱い。

▶ a **police** officer

標準レベル　つづり

409 system

スィステム[sístəm]

▶ the solar **system**

標準レベル

410 fill

フィウ[fil]

▶ **fill** the box with books

詳しく fill A with Bで「AをBでいっぱいにする」。

標準レベル

411 follow

ファーロウ[fálou]

▶ Please **follow** me.

標準レベル

412 wonder

ワンダァ[wʌ́ndər]

関連 wonderful

▶ It's no **wonder** that they won the game.

標準レベル　つづり

413 health

ヘウス[helθ]

関連 healthy

▶ Walking is good for our **health**.

標準レベル

414 notice

ノウティス[nóutis]

▶ Look at the **notice** on the wall.

標準レベル

名 **警察**

▶**警察**官
a _______ officer

標準レベル

動 **〜について行く,**
〜に従う

▶私**についてきて**ください。
Please _______ me.

標準レベル

動 **〜に気づく**
名 **通知, 掲示**

▶壁の**掲示**を見なさい。
Look at the _______ on the wall.

標準レベル

名 **誤り**
動 **〜を誤解する**

▶**間違え**ることをおそれてはいけません。
Don't be afraid of making _______.

標準レベル

動 **〜を満たす**

▶箱を本で**いっぱいにする**
_______ the box with books

標準レベル　つづり

名 **健康**

関連 形 健康な h_____

▶歩くことは私たちの**健康**によい。
Walking is good for our _______.

標準レベル　つづり

形 **重い**

関連 形 軽い l_____

▶この箱は私には**重**すぎて運べません。
This box is too _______ for me to carry.

標準レベル　つづり

名 **組織, 制度**

▶太陽**系**
the solar _______

標準レベル

動 **不思議に思う**
名 **不思議さ, 驚き**

関連 形 すばらしい w_____

▶彼らが試合に勝ったのは**不思議**ではありません。
It's no _______ that they won the game.

標準レベル

415 clerk

クラ〜ク [klə:rk]

▶ a bank **clerk**

標準レベル

416 cool

クーゥ [ku:l]　関連 warm

▶ It's a little **cool** today.

標準レベル

417 protect

プロテクト [prətékt]

▶ **protect** nature

標準レベル　つづり

418 sign

サーイン [sain]

sign languageで「手話」。

▶ What does this **sign** mean?

標準レベル

419 share

シェアァ [ʃeər]

▶ **share** ideas

標準レベル

420 communication

コミューニケイション [kəmju:nəkéiʃən]

▶ a **communication** tool

標準レベル

421 international

インタネァショナゥ [intərnǽʃənəl]　関連 national

▶ an **international** city

標準レベル　つづり

422 quiet

クワーイエト [kwáiət]　関連 quietly

▶ Please be **quiet** in the library.

標準レベル

423 perfect

パ〜フェクト [pə́:rfekt]

▶ It's a **perfect** day for hiking.

標準レベル

動 ～を保護する

▶自然を守る
_______ nature

標準レベル

形 すずしい, かっこいい

関連 形 暖かい w_____

▶きょうは少し**すずしい**です。
It's a little _______ today.

標準レベル

名 店員

▶銀行**員**
a bank _______

標準レベル

名 コミュニケーション

▶**コミュニケーション**の道具
a _______ tool

標準レベル

動 ～を分け合う, 共有する

▶考え**を共有する**
_______ ideas

標準レベル

つづり

名 標識, 看板, 記号

▶この**標識**はどういう意味ですか。
What does this _______ mean?

標準レベル

形 完全な, 最適な

▶ハイキングに**最適の**日です。
It's a _______ day for hiking.

標準レベル

つづり

形 静かな

関連 副 静かに q_____

▶図書館では**静かに**してください。
Please be _______ in the library.

標準レベル

形 国際的な

関連 形 国の n_____

▶**国際**都市
an _______ city

高得点レベル

424 technology

テクナーラヂ [teknálədʒi]

▶ This is a new **technology**.

高得点レベル　つづり

425 peace

ピース [piːs]　関連 peaceful

▶ They lived in **peace**.

高得点レベル

426 solar

ソウラァ [sóulər]

▶ **solar** energy

高得点レベル

427 wish

ウィシュ [wiʃ]

▶ make a **wish**

高得点レベル

428 dangerous

デインヂャラス [déindʒərəs]　比 more - most

▶ It is **dangerous** to go there alone.

高得点レベル

429 either

イーザァ [íːðər]

▶ I don't like dogs. I don't like cats, **either**.

詳しく 否定文ではtooは使わずに，eitherを使う。

高得点レベル

430 bath

ベァス [bæθ]　関連 bathroom

▶ take a **bath**

高得点レベル

431 memory

メモリ [méməri]　複 memories

▶ What is your best **memory** of school?

高得点レベル

432 stage

ステイヂ [steidʒ]

▶ on the **stage**

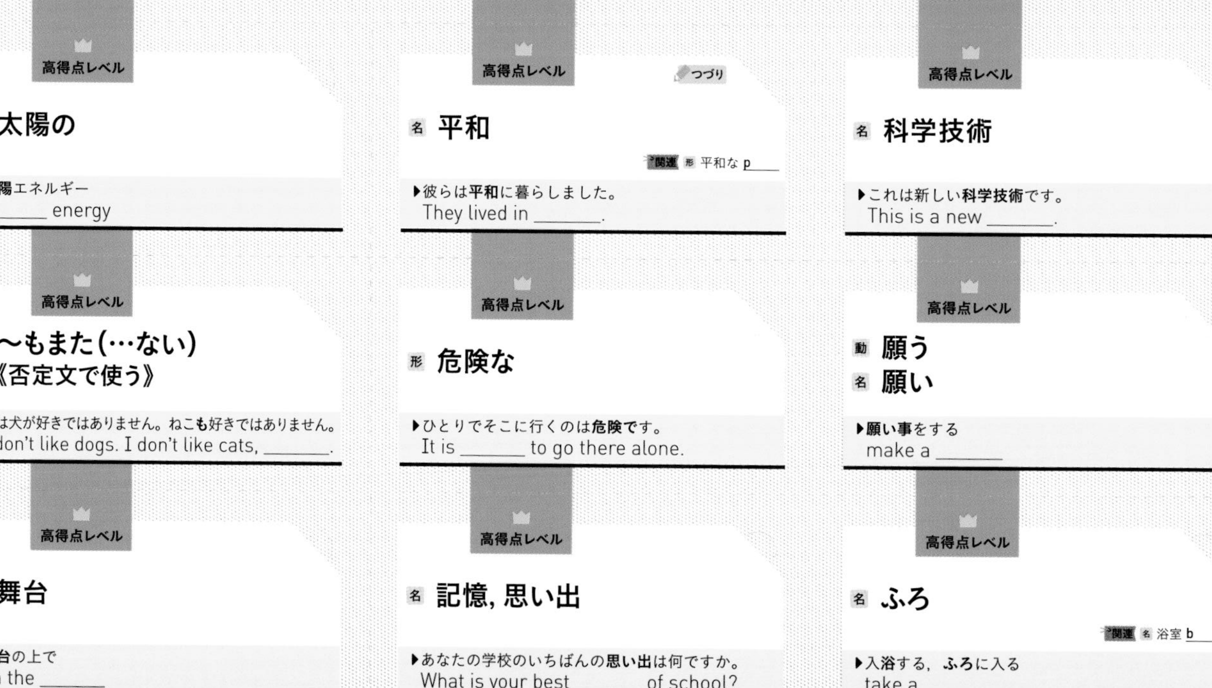

高得点レベル

形 **太陽の**

▶**太陽**エネルギー
_____ energy

高得点レベル

副 **～もまた(…ない)《否定文で使う》**

▶私は犬が好きではありません。ねこ**も**好きではありません。
I don't like dogs. I don't like cats, _____.

高得点レベル

名 **舞台**

▶**舞台**の上で
on the _____

高得点レベル　つづり

名 **平和**

関連 形 平和な p_____

▶彼らは**平和**に暮らしました。
They lived in _____.

高得点レベル

形 **危険な**

▶ひとりでそこに行くのは**危険です**。
It is _____ to go there alone.

高得点レベル

名 **記憶, 思い出**

▶あなたの学校のいちばんの**思い出**は何ですか。
What is your best _____ of school?

高得点レベル

名 **科学技術**

▶これは新しい**科学技術**です。
This is a new _____.

高得点レベル

動 **願う**
名 **願い**

▶**願い事**をする
make a _____

高得点レベル

名 **ふろ**

関連 名 浴室 b_____

▶**入浴**する，**ふろ**に入る
take a _____

高得点レベル

433 **sweet**

スウィート[swi:t]　関連 bitter

▶ smell **sweet**

高得点レベル

434 **careful**

ケアフォ[kéərfəl]　関連 carefully

▶ Be **careful** when you use a knife.

高得点レベル

435 **enter**

エンタァ[éntər]　関連 entrance

▶ **enter** high school

高得点レベル

436 **simple**

スィンポウ[símpl]　関連 simply

▶ a **simple** question

高得点レベル　発音

437 **though**

ゾウ[ðou]　関連 although

▶ **Though** I'm rich, I'm not happy.

高得点レベル　つづり

438 **character**

キャラクタァ[kǽrəktər]

▶ the main **characters** of the story

高得点レベル

439 **cover**

カヴァァ[kʌ́vər]

▶ The mountain is **covered** with snow.

詳しく be covered with ～で「～でおおわれている」。

高得点レベル

440 **seem**

It seems that ～.で「～のようだ」の意味。

スィーム[si:m]

▶ Sam **seems** to like her.

高得点レベル　つづり

441 **loud**

ラーウド[laud]

▶ speak in a **loud** voice

高得点レベル

動 **～に入る**

関連 名 入り口 e____

▶高校に**入学する**
_______ high school

高得点レベル

形 **注意深い**

関連 副 注意深く c____

▶ナイフを使うときは**注意し**なさい。
Be _______ when you use a knife.

高得点レベル

形 **あまい**

関連 形 苦い b____

▶**あまい**香りがする
smell _______

高得点レベル　つづり

名 **性格, 登場人物**

▶その物語の主要な**登場人物たち**
the main _______ of the story

高得点レベル　発音

接 **～だけれども**

関連 接 ～だけれども a____

▶私は金持ち**だけれども**，幸福ではありません。
_______ I'm rich, I'm not happy.

高得点レベル

形 **簡単な, 質素な**

関連 副 単に～だけ s____

▶**簡単な**質問
a_______ question

高得点レベル　つづり

形 **(声などが)大きい**

▶**大**声で話す
speak in a _______ voice

高得点レベル

動 **～のように思われる**

▶サムは彼女のことが好き**なようです。**
Sam _______ to like her.

高得点レベル

動 **～をおおう**

▶その山は雪で**おおわれて**います。
The mountain is _______ with snow.

高得点レベル 発音

442 **tear**

ティアァ[tiər]

▶ Her eyes were filled with **tears**.

高得点レベル

443 **friendly**

フレンドリ[fréndli] 関連 friend

▶ a **friendly** smile

高得点レベル つづり

444 **nervous**

ナ～ヴァス[nə́:rvəs]

▶ get[feel] **nervous**

高得点レベル

445 **past**

ペァスト[pæst] 関連 future

▶ in the **past**

高得点レベル

446 **blossom**

ブラーサム[blɑ́səm]

▶ cherry **blossoms**

高得点レベル

447 **century**

センチュリ[séntʃəri]

▶ the twenty-first **century**

高得点レベル

448 **shock**

シャーク[ʃɑk]

▶ It was a **shock** to me.

高得点レベル 発音 つづり

449 **daughter**

ドータァ[dɔ́:tər] 関連 son

▶ She has a **daughter**.

高得点レベル 発音

450 **especially**

イスペシャリ[ispéʃəli] 関連 special

▶ I **especially** like elephants.

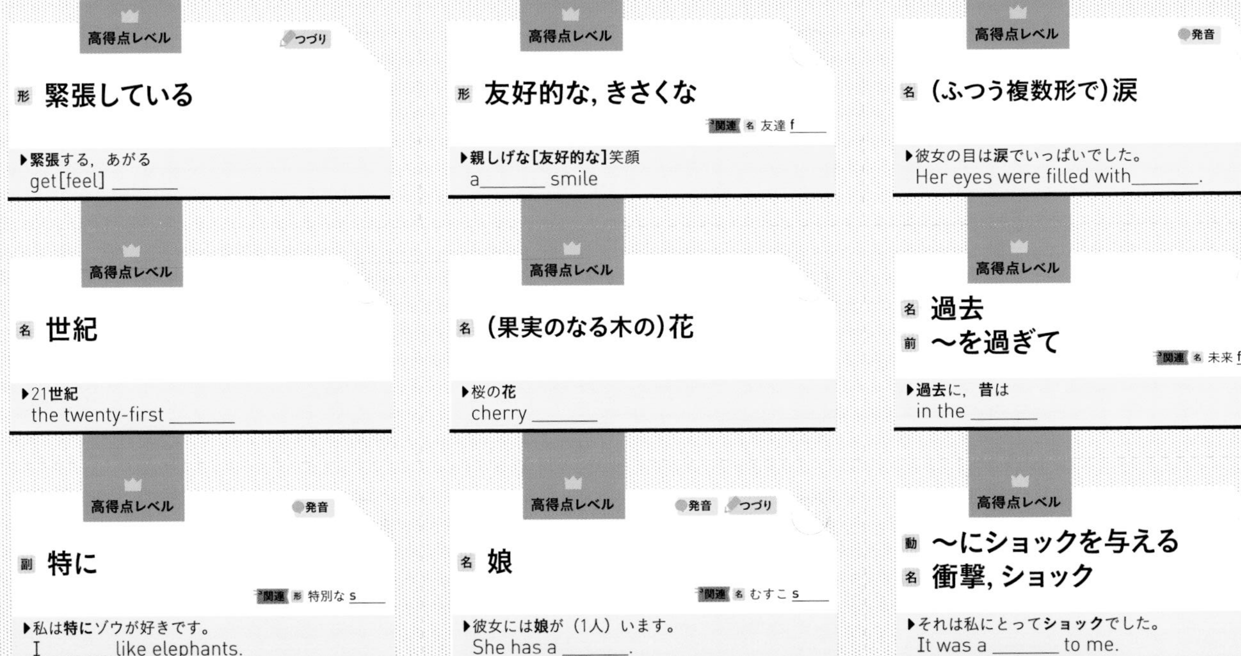

高得点レベル　つづり

形 **緊張している**

▶**緊張**する，あがる
get[feel] ＿＿＿＿

高得点レベル

名 **世紀**

▶21**世紀**
the twenty-first ＿＿＿＿

高得点レベル　発音

副 **特に**

関連 形 特別な s＿＿＿

▶私は**特に**ゾウが好きです。
I ＿＿＿＿ like elephants.

高得点レベル

形 **友好的な，きさくな**

関連 名 友達 f＿＿＿

▶**親しげな[友好的な]**笑顔
a＿＿＿＿ smile

高得点レベル

名 **（果実のなる木の）花**

▶桜の**花**
cherry ＿＿＿＿

高得点レベル　発音　つづり

名 **娘**

関連 名 むすこ s＿＿＿

▶彼女には**娘**が（1人）います。
She has a ＿＿＿＿.

高得点レベル　発音

名 **（ふつう複数形で）涙**

▶彼女の目は**涙**でいっぱいでした。
Her eyes were filled with＿＿＿＿.

高得点レベル

名 **過去**
前 **～を過ぎて**

関連 名 未来 f＿＿＿

▶**過去**に，**昔**は
in the ＿＿＿＿

高得点レベル

動 **～にショックを与える**
名 **衝撃，ショック**

▶それは私にとって**ショック**でした。
It was a ＿＿＿＿ to me.

高得点レベル

451 **invite**

インヴァイト[inváit]

▶ Thank you for **inviting** me.

高得点レベル

452 **meaning**

ミーニング[míːniŋ]　関連 mean

▶ Do you know the **meaning** of this word?

高得点レベル

453 **opinion**

アピニョン[əpínjən]

▶ I have a different **opinion**.

高得点レベル

454 **traffic**

トレァフィク[trǽfik]

▶ a **traffic** accident

高得点レベル

455 **uniform**

ユーニフォーム[júːnəfɔːrm]

▶ wear a school **uniform**

高得点レベル

456 **ring**

リング[riŋ]　過 rang - rung

▶ The phone is **ringing**.

高得点レベル　発音　つづり

457 **treasure**

トレジャァ[tréʒər]

▶ This is my **treasure**.

高得点レベル　発音

458 **cause**

コーズ[kɔːz]　関連 because

▶ The accident was **caused** by strong winds.

高得点レベル

459 **appear**

アピアァ[əpíər]　関連 disappear

▶ A girl **appeared** on the stage.

高得点レベル

名 **意見**

▶私は違った**意見**を持っています。
I have a different ______.

高得点レベル

名 **意味**

関連 動 ～を意味する m______

▶あなたはこの単語の**意味**を知っていますか。
Do you know the ______ of this word?

高得点レベル

動 **～を招待する**

▶お**招き**ありがとうございます。
Thank you for ______ me.

高得点レベル

動 **鳴る**
名 **輪, 指輪**

▶電話が**鳴って**います。
The phone is ______.

高得点レベル

名 **制服**

▶学校の**制服**を着る
wear a school ______

高得点レベル

名 **交通**

▶**交通**事故
a ______ accident

高得点レベル

動 **現れる**

関連 動 見えなくなる d______

▶女の子が舞台に**現れました。**
A girl ______ on the stage.

高得点レベル　発音

動 **～を引き起こす**
名 **原因**

関連 接 なぜならば b______

▶その事故は強風によって**引き起こされ**ました。
The accident was ______ by strong winds.

高得点レベル　発音　つづり

名 **宝物**

▶これは私の**宝物**です。
This is my ______.

高得点レベル

460 castle

キャスゥ[kæsl]

▶ the wall of the **castle**

高得点レベル

461 ceremony

セレモウニ[sérəmouni]

▶ the tea **ceremony** club

高得点レベル

462 cloud

クラウド[klaud]

関連 cloudy

▶ behind the **clouds**

高得点レベル

463 leader

リーダァ[lí:dər]

関連 lead

▶ She was chosen as a **leader**.

高得点レベル

464 advice

anをつけたり，複数形にしたりしない。

アドヴァイス[ədváis]

▶ Thank you for your **advice**.

高得点レベル

465 dictionary

ディクショネリ[díkʃəneri]

複 dictionaries

▶ Can I use your **dictionary**?

高得点レベル

466 distance

ディスタンス[dístəns]

▶ the **distance** between here and the school

高得点レベル

467 firework

ファイアワ～ク[fáiərwə:rk]

▶ a **fireworks** display

高得点レベル

468 glass

複数形のglassesで「めがね」。

グレアス[glæs]

複 glasses

▶ a **glass** of water

高得点レベル

名 雲

関連 形 くもりの c_____

▶雲の後ろに
behind the ______

高得点レベル

名 儀式

▶茶道部
the tea ______ club

高得点レベル

名 城

▶その城の壁
the wall of the ______

高得点レベル

名 辞書

▶あなたの**辞書**を使ってもいいですか。
Can I use your ______?

高得点レベル

名 助言, アドバイス

▶**助言**をありがとう。
Thank you for your ______.

高得点レベル

名 指導者, リーダー

関連 動 ～を導く l_____

▶彼女は**指導者**として選ばれました。
She was chosen as a ______.

高得点レベル

名 コップ, ガラス

▶**コップ**1杯の水
a ______ of water

高得点レベル

名 (ふつう複数形で)花火

▶**花火**大会
a ______ display

高得点レベル

名 距離, 遠距離

▶ここと学校の間の**距離**
the ______ between here and the school

高得点レベル

469 borrow

バーロウ[bárou]　関連 lend

▶ I want to **borrow** some books.

高得点レベル　つづり

470 bridge

ブリッヂ[bridʒ]

▶ cross the **bridge**

高得点レベル

471 shake

シェイク[ʃeik]　過 shook - shaken

▶ I want to **shake hands** with him.

高得点レベル　つづり

472 kitchen

キチン[kítʃin]

▶ He is cooking in the **kitchen**.

高得点レベル

473 clear

クリアァ[kliər]　関連 clearly

▶ a **clear** difference

高得点レベル

474 fire

ファーイアァ[fáiər]

▶ make a **fire**

高得点レベル　つづり

475 guide

ガーイド[gaid]

▶ a **guide dog**

高得点レベル

476 moment

モウメント[móumənt]

▶ Just a **moment**.

高得点レベル

477 safe

セイフ[seif]　関連 dangerous

▶ a **safe** place

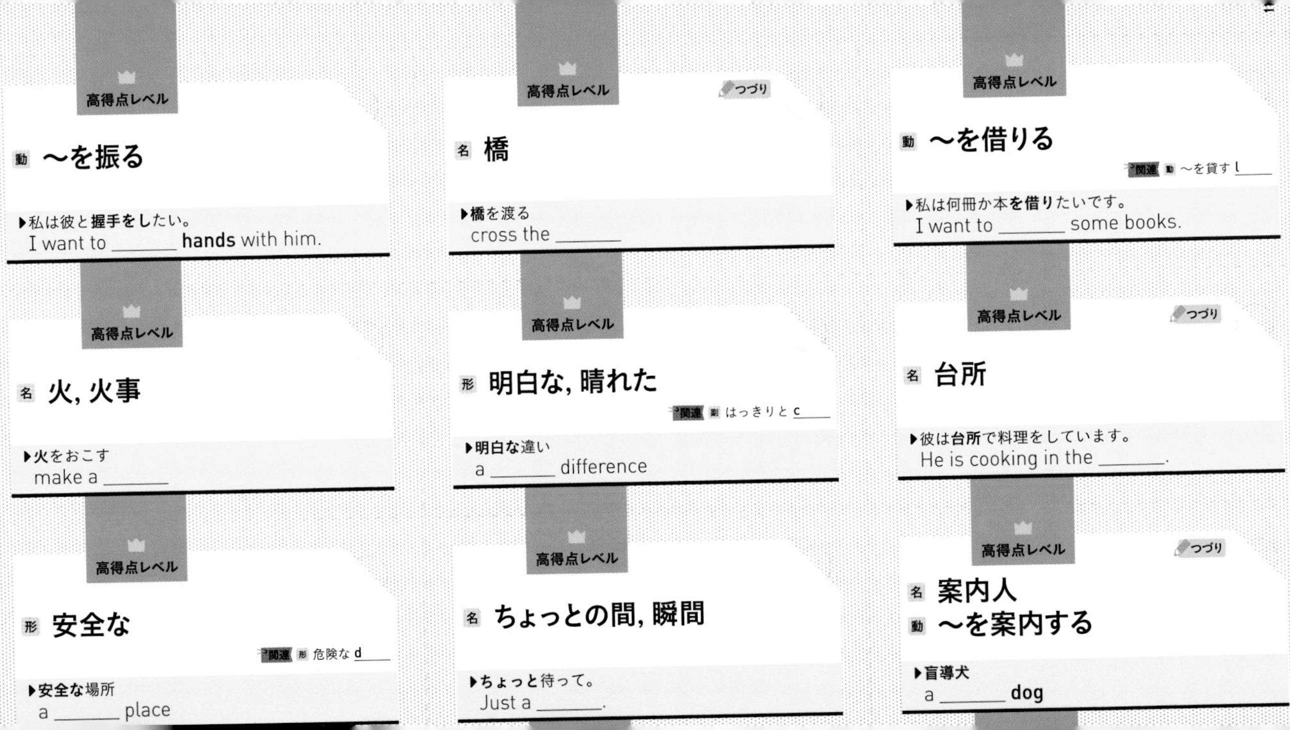

高得点レベル

動 ～を振る

▶私は彼と**握手をし**たい。
I want to ______ **hands** with him.

高得点レベル

名 火, 火事

▶**火**をおこす
make a ______

高得点レベル

形 安全な

関連 形 危険な d______

▶**安全な**場所
a ______ place

高得点レベル　つづり

名 橋

▶**橋**を渡る
cross the ______

高得点レベル

形 明白な, 晴れた

関連 副 はっきりと c______

▶**明白な**違い
a ______ difference

高得点レベル

名 ちょっとの間, 瞬間

▶**ちょっと**待って。
Just a ______.

高得点レベル

動 ～を借りる

関連 動 ～を貸す l______

▶私は何冊か本**を借り**たいです。
I want to ______ some books.

高得点レベル　つづり

名 台所

▶彼は**台所**で料理をしています。
He is cooking in the ______.

高得点レベル　つづり

名 案内人
動 ～を案内する

▶**盲導犬**
a ______ **dog**

高得点レベル

478 **temperature**

テンプラチャァ [témprətʃər]

▶ the average **temperature**

高得点レベル　つづり

479 **umbrella**

アンブレラ [ʌmbrélə]

▶ Take an **umbrella** with you.

高得点レベル

480 **against**

アゲンスト [əgénst]

▶ I am **against** his idea.

高得点レベル　発音

481 **electricity**

イレクトリスィティ [ilektrísəti]

関連 electric

▶ use **electricity**

高得点レベル　発音

482 **situation**

スィチュエイション [sitʃuéiʃən]

▶ in a different **situation**

高得点レベル　つづり

483 **trouble**

トラボゥ [trʌ́bl]

▶ Are you in **trouble**?

詳しく be in troubleで「困っている」。

高得点レベル

484 **promise**

make a promiseで「約束する」。

プラーミス [prámis]

▶ We **promised** to meet again.

高得点レベル　つづり

485 **medicine**

メドスン [médsən]

▶ Take this **medicine**.

高得点レベル　発音

486 **musician**

ミューズィシャン [mjuːzíʃən]

関連 music

▶ I want to be a **musician** in the future.

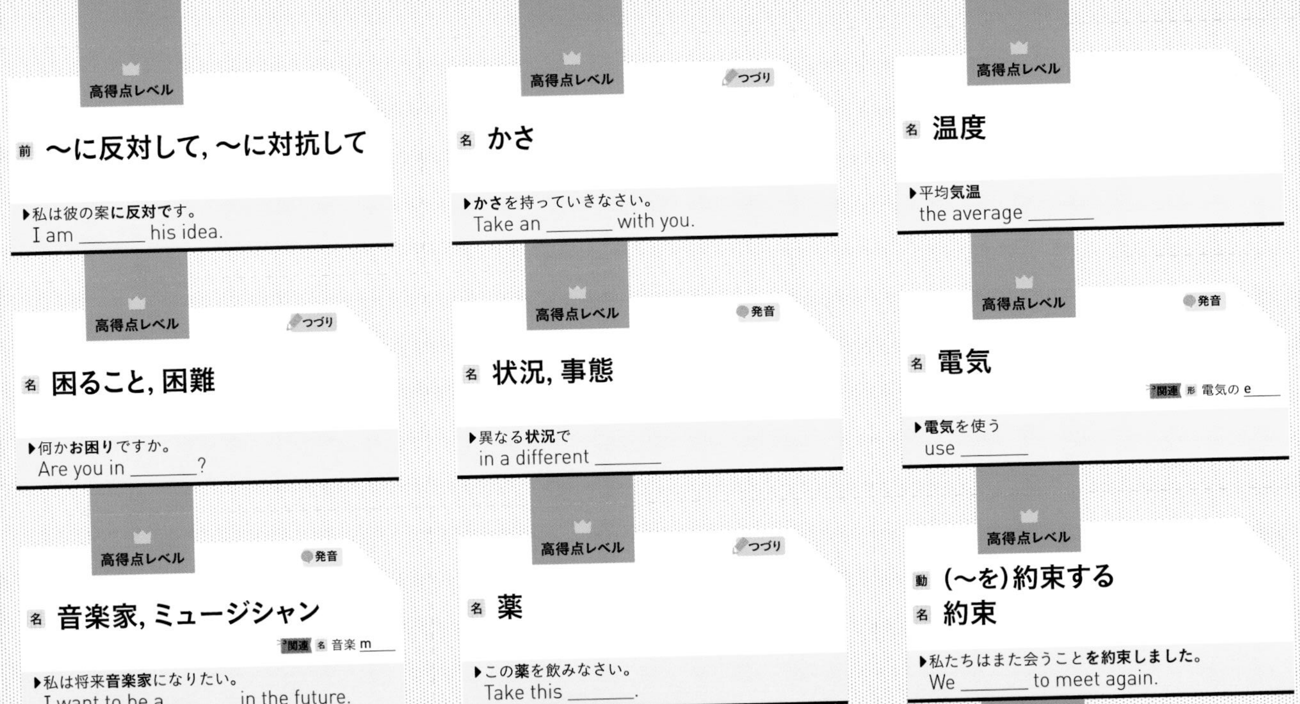

高得点レベル

前 **～に反対して, ～に対抗して**

▶私は彼の案に**反対**です。
I am ______ his idea.

高得点レベル　つづり

名 **困ること, 困難**

▶何か**お困り**ですか。
Are you in ______?

高得点レベル　発音

名 **音楽家, ミュージシャン**

関連 名 音楽 m______

▶私は将来**音楽家**になりたい。
I want to be a ______ in the future.

高得点レベル　つづり

名 **かさ**

▶**かさ**を持っていきなさい。
Take an ______ with you.

高得点レベル　発音

名 **状況, 事態**

▶異なる**状況**で
in a different ______

高得点レベル　つづり

名 **薬**

▶この**薬**を飲みなさい。
Take this ______.

高得点レベル

名 **温度**

▶平均**気温**
the average ______

高得点レベル　発音

名 **電気**

関連 形 電気の e______

▶**電気**を使う
use ______

高得点レベル

動 **(～を)約束する**
名 **約束**

▶私たちはまた会うことを**約束しました**。
We ______ to meet again.

高得点レベル 発音

487 pollùtion

ポルーション [pəlúːʃən]

▶ environmental **pollution**

高得点レベル 発音

488 stàdium

ステイディアム [stéidiəm]

▶ a baseball **stadium**

高得点レベル

489 devèlop

ディヴェラプ [divéləp]

▶ **developing** countries

高得点レベル

490 grass

グレアス [græs]

▶ lie on the **grass**

高得点レベル

491 raise

レイズ [reiz]

▶ **Raise** your hand.

高得点レベル

492 whole

ホウゥ [houl]

▶ the **whole** town

高得点レベル

493 action

エアクション [ǽkʃən]

関連 act

▶ take **action**

高得点レベル

494 conversàtion

カンヴァセイション [kɑnvərséiʃən]

▶ have a **conversation** with her

高得点レベル

495 drop

ドラープ [drɑp]

過 dropped - dropped
ing形 dropping

▶ **drop** a pen

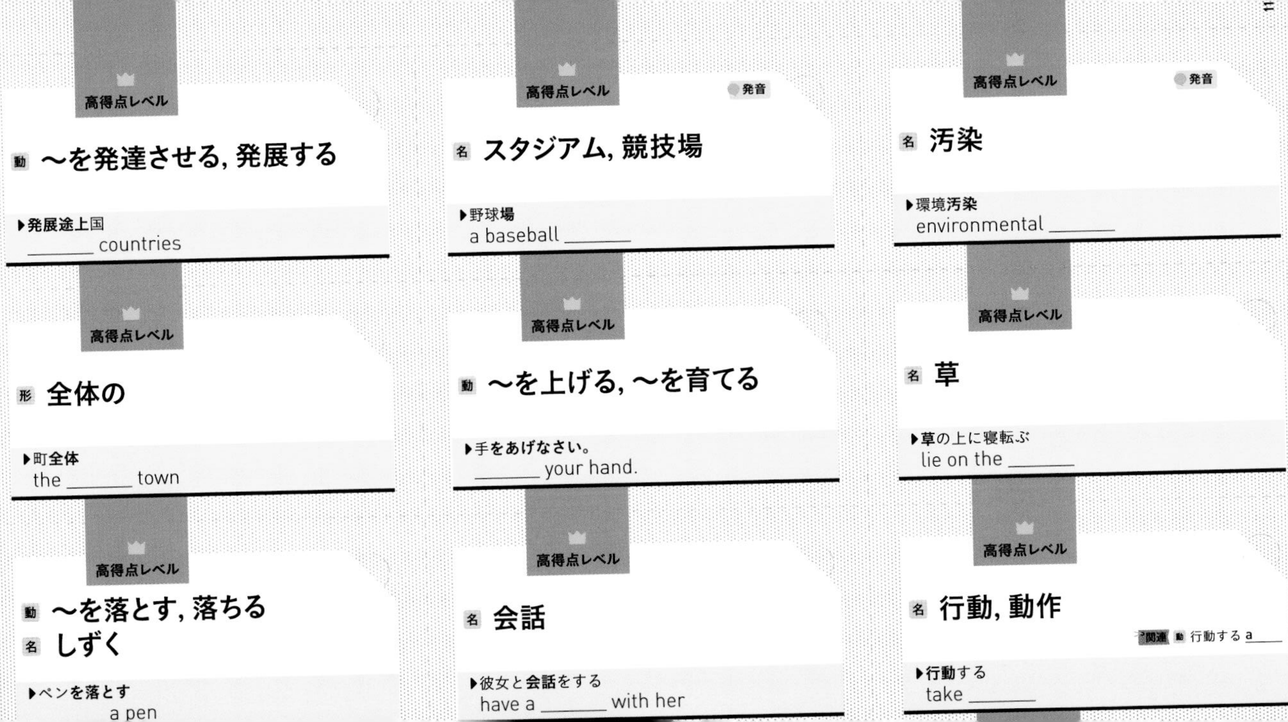

高得点レベル

動 ～を発達させる, 発展する

▶発展途上国
_______ countries

高得点レベル

形 全体の

▶町全体
the _______ town

高得点レベル

動 ～を落とす, 落ちる
名 しずく

▶ペンを落とす
_______ a pen

高得点レベル 発音

名 スタジアム, 競技場

▶野球場
a baseball _______

高得点レベル

動 ～を上げる, ～を育てる

▶手をあげなさい。
_______ your hand.

高得点レベル

名 会話

▶彼女と会話をする
have a _______ with her

高得点レベル 発音

名 汚染

▶環境汚染
environmental _______

高得点レベル

名 草

▶草の上に寝転ぶ
lie on the _______

高得点レベル

名 行動, 動作

関連 動 行動する a_______

▶行動する
take _______

高得点レベル つづり

496 flight

フラーイト [flait] 関連 fly

▶ How was your **flight**?

高得点レベル

497 terrible

テリボウ [térəbl]

▶ a **terrible** storm

高得点レベル

498 adult

アダゥト [ədʌ́lt] 関連 child

▶ become an **adult**

高得点レベル つづり

499 engineer

エンヂニアァ [endʒiníər]

▶ He is a computer **engineer**.

高得点レベル

500 relax

リレアクス [rilǽks]

▶ Please feel **relaxed**.

詳しく **feel relaxed**で「くつろいだ気分になる」。

高得点レベル

501 respect

リスペクト [rispékt]

▶ We **respect** each other.

高得点レベル

502 size

サーイズ [saiz]

▶ large **size**

高得点レベル つづり

503 straight

ストレイト [streit]

▶ Go **straight**.

高得点レベル

504 accident

エアクスィデント [ǽksədent]

▶ There was a car **accident**.

高得点レベル

名 **大人**
形 **大人の**

関連 名 子ども c_____

▶**大人**になる
become an _______

高得点レベル

動 **～を尊敬する**
名 **尊敬, 敬意**

▶私たちはおたがい**を尊敬しています。**
We _______ each other.

高得点レベル

名 **事故, 偶然のできごと**

▶自動車**事故**がありました。
There was a car _______.

高得点レベル

形 **ひどい, おそろしい**

▶**ひどい**嵐
a _______ storm

高得点レベル

動 **くつろぐ, ～をくつろがせる**

▶どうぞ**くつろいで**ください。
Please feel _______.

高得点レベル　つづり

副 **まっすぐに**

▶**まっすぐ**行ってください。
Go _______.

高得点レベル　つづり

名 **飛行, 飛行機の便**

関連 動 飛ぶ, 飛行機で行く f_____

▶**空の旅**はいかがでしたか。
How was your _______?

高得点レベル　つづり

名 **技師**

▶彼はコンピューター**技師**です。
He is a computer _______.

高得点レベル

名 **大きさ, サイズ**

▶L**サイズ**
large _______

高得点レベル 発音

505 **burn**

バ〜ン [bəːrn]

▶ **burn** oil

高得点レベル

506 **round**

ラーウンド [raund]

▶ a **round** table

高得点レベル つづり

507 **coach**

コウチ [koutʃ]

▶ He is our baseball **coach**.

高得点レベル

508 **exchange**

イクスチェインヂ [ikstʃéindʒ]

▶ an **exchange** student

高得点レベル 発音

509 **garbage**

ガービヂ [gáːrbidʒ]

関連 trash

▶ reduce **garbage**

高得点レベル

510 **support**

サポート [səpɔ́ːrt]

▶ **support** a volunteer group

高得点レベル

511 **paint**

ペイント [peint]

関連 painting

▶ **paint** a picture

高得点レベル

512 **taste**

テイスト [teist]

▶ It **tastes** good.

高得点レベル

513 **theater**

スィアタァ [θíətər]

▶ a **movie** theater

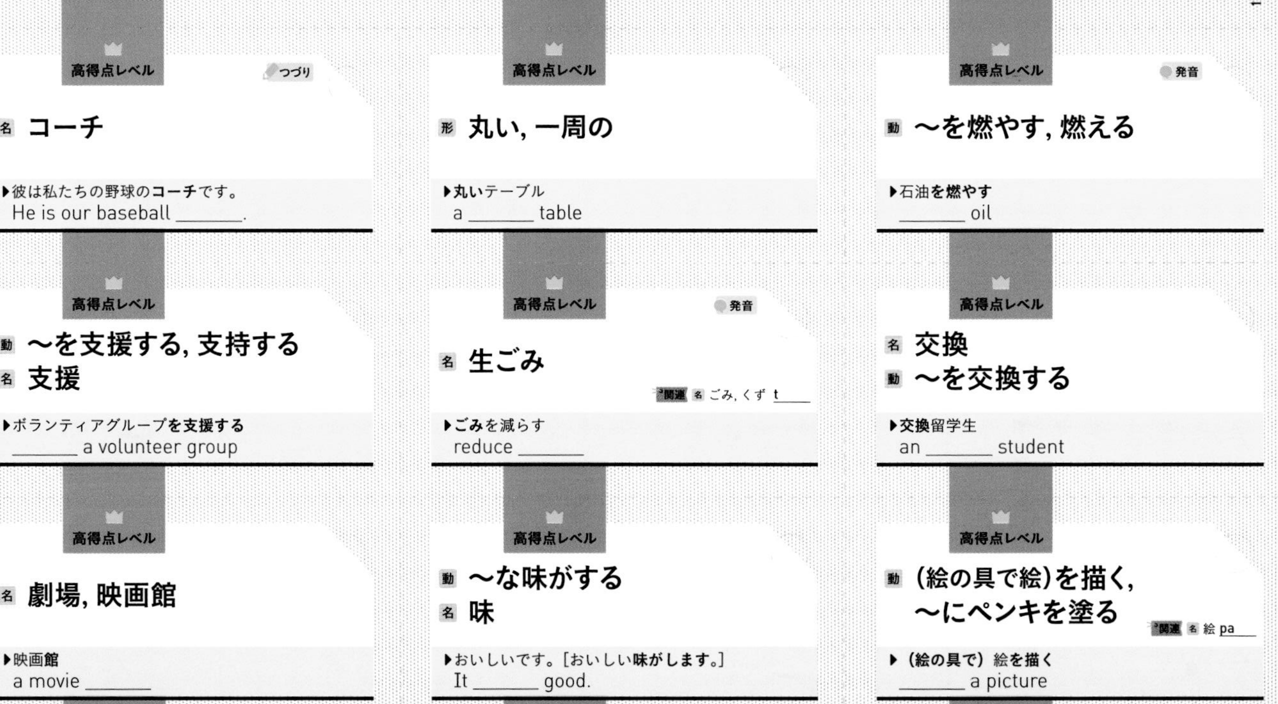

高得点レベル　つづり

名 **コーチ**

▶彼は私たちの野球の**コーチ**です。
He is our baseball ______.

高得点レベル

形 **丸い, 一周の**

▶**丸い**テーブル
a ______ table

高得点レベル　発音

動 **～を燃やす, 燃える**

▶石油**を燃やす**
______ oil

高得点レベル

動 **～を支援する, 支持する**
名 **支援**

▶ボランティアグループ**を支援する**
______ a volunteer group

高得点レベル　発音

名 **生ごみ**

関連 名 ごみ, くず t____

▶**ごみ**を減らす
reduce ______

高得点レベル

名 **交換**
動 **～を交換する**

▶**交換**留学生
an ______ student

高得点レベル

名 **劇場, 映画館**

▶**映画館**
a movie ______

高得点レベル

動 **～な味がする**
名 **味**

▶おいしいです。[おいしい**味がします。**]
It ______ good.

高得点レベル

動 **(絵の具で絵)を描く, ～にペンキを塗る**

関連 名 絵 pa____

▶ **(絵の具で)** 絵**を描く**
______ a picture

高得点レベル つづり

514 **neighbor**

ネイバァ [néibər]　関連 neighborhood

▶ She is my **neighbor**.

高得点レベル

515 **miss**

ミス [mis]

▶ I **missed** the bus.

高得点レベル つづり

516 **astronaut**

エアストロノート [ǽstrənɔːt]

▶ I want to be an **astronaut**.

高得点レベル

517 **date**

デイト [deit]

▶ What's the **date** today?

高得点レベル

518 **global warming**

グロウバゥ ウォーミング [glóubəl wɔ́ːrmiŋ]

▶ cause **global warming**

高得点レベル

519 **impress**

インプレス [imprés]

▶ I was **impressed** with your idea.

詳しく be impressed with[by] ～で「～に感銘を受ける」。

高得点レベル

520 **research**

リーサ～チ [ríːsəːrtʃ]　関連 researcher

▶ do **research** on whales

高得点レベル

521 **several**

セヴラゥ [sévrəl]　関連 some

▶ **several** years ago

高得点レベル

522 **waste**

ウェイスト [weist]

▶ **waste** time

高得点レベル　つづり

名 **宇宙飛行士**

▶私は**宇宙飛行士**になりたいです。
I want to be an _______.

高得点レベル

動 **～をのがす，～がいなくてさびしく思う**

▶私はバス**に乗り遅れました**。
I _______ the bus.

高得点レベル　つづり

名 **隣人，近所の人**

関連 名 近所 n_____

▶彼女は私の**隣人**です。
She is my _______.

高得点レベル

動 **～に感銘を与える**

▶私はあなたの案に**感銘を受け**ました。
I was _______ with your idea.

高得点レベル

名 **地球温暖化**

▶**地球温暖化**を引き起こす
cause _______ _______

高得点レベル

名 **日付**

▶きょうは何**日**ですか。
What's the _______ today?

高得点レベル

名 **むだ，廃棄物**
動 **～をむだにする**

▶時間**をむだに使う**
_______ time

高得点レベル

形 **いくつかの**

関連 形 いくつかの s_____

▶**数**年前に
_______ years ago

高得点レベル

名 **調査，研究**

関連 名 研究者 r_____

▶クジラに関する**調査**を行う
do _______ on whales

高得点レベル　つづり

523 beginning

ビギニング[bigíniŋ]　関連 begin

▸ at the **beginning** of March

高得点レベル

524 behind

ビハーインド[biháind]　関連 in front of～

▸ hide **behind** the curtain

高得点レベル

525 hobby

ハービ[hábi]　複 hobbies

▸ My **hobby** is bird watching.

高得点レベル

526 wake

ウェイク[weik]　過 woke - woken

▸ **Wake** up.

高得点レベル

527 proud

プラーウド[praud]

▸ I'm **proud** of you.

詳しく be proud of ～で「～を誇りに思う」。

高得点レベル

528 soft

ソーフト[sɔːft]　関連 hard

▸ in a **soft** voice

高得点レベル

529 solve

サーウヴ[salv]　関連 solution

▸ **solve** the problem

高得点レベル

530 gym

ヂム[dʒim]

▸ play badminton in the **gym**

高得点レベル　つづり

531 bright

ブラーイト[brait]

▸ a **bright** color

高得点レベル

名 **趣味**

▶私の**趣味**はバードウォッチングです。
My ______ is bird watching.

高得点レベル

形 **やわらかい**

関連 形 かたい h______

▶**やわらかい**声で
in a ______ voice

高得点レベル　つづり

形 **かがやいている, 明るい**

▶**明るい**色
a ______ color

高得点レベル

前 **〜の後ろに**

関連 〜の前に in ______ of〜

▶カーテン**の後ろに**隠れる
hide ______ the curtain

高得点レベル

形 **誇りをもっている**

▶私はあなたを**誇りに**思います。
I'm ______ of you.

高得点レベル

名 **体育館**

▶**体育館**でバドミントンをする
play badminton in the ______

高得点レベル　つづり

名 **初め, 始まり**

関連 動 始まる b______

▶3月の**初め**に
at the ______ of March

高得点レベル

動 **（あとにupをつけて）目を覚ます, 〜を起こす**

▶**起き**なさい［**目を覚まし**なさい］。
______ up.

高得点レベル

動 **〜を解く, 解決する**

関連 名 解決 s______

▶**問題を解決する**
______ the problem

高得点レベル　つづり

532 **hurry**

ハ〜リ [hə́:ri]

in a hurryで「急いで」。

過 hurried - hurried
3単現 hurries

▶ **Hurry** up.

高得点レベル　つづり

533 **tonight**

トゥナーイト [tənáit]

関連 today

▶ I'll call you **tonight**.

高得点レベル

534 **add**

エアド [æd]

関連 addition

▶ **add** salt to the soup

高得点レベル

535 **figure**

フィギュァ [fígjər]

▶ Look at **Figure** 2.

高得点レベル

536 **prepare**

プリペアァ [pripéər]

▶ **prepare** for a party
詳しく prepare for 〜で「〜の準備をする」。

高得点レベル

537 **smell**

スメゥ [smel]

▶ It **smells** good.

高得点レベル

538 **introduce**

イントロデュース [intrədjú:s]

▶ I'll **introduce** you to my family.
詳しく introduce A to Bで「AをBに紹介する」。

高得点レベル

539 **performance**

パフォーマンス [pərfɔ́:rməns]

関連 perform

▶ Your **performance** was great.

高得点レベル

540 **period**

ピリアド [píəriəd]

関連

▶ the Edo **period**

高得点レベル

動 **～を加える**

関連 名 追加 a____

▶そのスープに塩**を加える**
____ salt to the soup

高得点レベル

動 **～なにおいがする**
名 **におい**

▶おいし**そうなにおいがします**。
It ____ good.

高得点レベル

名 **時代, 期間**

▶江戸**時代**
the Edo ____

高得点レベル　つづり

副 名 **今夜(は)**

関連 名 きょう t____

▶**今夜**あなたに電話します。
I'll call you ____.

高得点レベル

動 **準備する, ～の準備をする**

▶パーティーの**準備をする**
____ for a party

高得点レベル

名 **演技, 演奏**

関連 動 上演する p____

▶あなたの**演奏**はすばらしかったです。
Your ____ was great.

高得点レベル　つづり

動 **急ぐ, 急いで行く**
名 **急ぎ**

▶**急ぎ**なさい。
____ up.

高得点レベル

名 **図, 形, 数**
動 **(outをあとにつけて)～を理解する**

▶**図**2を見てください。
Look at ____ 2.

高得点レベル

動 **～を紹介する, ～を導入する**

▶あなたを私の家族に**紹介します**。
I'll ____ you to my family.

高得点レベル

541 **push**

プッシュ [puʃ]　関連 pull

▶ **push** a button

高得点レベル

542 **tie**

ターイ [tai]　ing形 tying

▶ **tie** a ribbon

高得点レベル　発音

543 **cousin**

カズン [kʌ́zn]　関連 relative

▶ She is my **cousin** from Okinawa.

高得点レベル　発音

544 **purpose**

パ〜パス [pə́ːrpəs]

▶ What is the **purpose** of your visit?

詳しく 入国審査で尋ねられる質問。

高得点レベル

545 **realize**

リーアライズ [ríːəlaiz]　関連 real

▶ I **realized** that I was wrong.

高得点レベル

546 **wide**

ワーイド [waid]

▶ The river is 70 meters **wide**.

高得点レベル

547 **amount**

アマウント [əmáunt]

▶ the **amount** of water

詳しく ふつう数えられない名詞に使う。

高得点レベル

548 **expression**

イクスプレション [ikspréʃən]　関連 express

▶ learn English **expressions**

高得点レベル

549 **nobody**

ノウバーディ [nóubadi]

▶ **Nobody** knows what this is.

高得点レベル　発音

名 **いとこ**

関連 名 親せき r____

▶彼女は沖縄出身の私の**いとこ**です。
She is my ______ from Okinawa.

高得点レベル

形 **(幅が)広い, 幅が～ある**

▶その川は70メートル**の幅があり**ます。
The river is 70 meters ______.

高得点レベル

代 **だれも～ない**

▶**だれも**これが何なのか知り**ません**。
______ knows what this is.

高得点レベル

動 **～を結ぶ**
名 **ネクタイ, きずな**

▶リボン**を結ぶ**
______ a ribbon

高得点レベル

動 **～をさとる, ～に気づく, ～を実現する**

関連 形 本当の r____

▶私は自分が間違っていると**気づきました**。
I ______ that I was wrong.

高得点レベル

名 **表現**

関連 動 表現する e____

▶英語の**表現**を覚える
learn English ______

高得点レベル

動 **～を押す**

関連 動 ～を引く p____

▶ボタン**を押す**
______ a button

高得点レベル　発音

名 **目的**

▶あなたの訪問の**目的**は何ですか。
What is the ______ of your visit?

高得点レベル

名 **量, 額**

▶水の量
the ______ of water

高得点レベル

550 **educàtion**

エヂュケイション [edʒukéiʃən]

▶ have a good **education**

高得点レベル　つづり

551 **gòvernment**

ガヴァメント [gʌ́vərnmənt]

▶ the Japanese **government**

高得点レベル　つづり

552 **nècessary**

ネセセリ [nésəseri]　比 more - most

▶ It is **necessary** for us to reduce waste.

高得点レベル　つづり

553 **cheap**

チープ [tʃi:p]　関連 expensive

▶ This shirt was **cheap**.

高得点レベル

554 **cost**

コースト [kɔ:st]　過 cost - cost

▶ How much did it **cost**?

高得点レベル

555 **èlderly**

エゥダリ [éldərli]

▶ help **elderly** people

高得点レベル　つづり

556 **shy**

シャーイ [ʃai]

▶ Don't be **shy**.

高得点レベル

557 **twice**

トワーイス [twais]　関連 once

▶ I have visited Kyoto **twice**.

高得点レベル

558 **cèll phone**

セゥフォウン [sél foun]

▶ use a **cell phone**

詳しく 1語でcellphoneと書くこともある。

高得点レベル つづり

形 **必要な**

▶私たちはごみ[むだ]を減らすことが**必要です**。
It is ______ for us to reduce waste.

高得点レベル つづり

名 **政府**

▶日本**政府**
the Japanese ______

高得点レベル

名 **教育**

▶よい**教育**を受ける
have a good ______

高得点レベル

形 **年配の**

▶**お年寄り**[**年配の**人々]を手助けする
help ______ people

高得点レベル

動 **(人に)(費用)がかかる**
名 **費用**

▶それはいくら**かかり**ましたか。
How much did it ______?

高得点レベル つづり

形 **安い**

関連 形 高価な e______

▶このシャツは**安か**った。
This shirt was ______.

高得点レベル

名 **携帯電話**

▶**携帯電話**を使う
use a ______ ______

高得点レベル

副 **2回, 2倍**

関連 副 1回, かつて o______

▶私は京都を**2度**訪れたことがあります。
I have visited Kyoto ______.

高得点レベル つづり

形 **恥ずかしがりの**

▶**恥ずかし**がらないで。
Don't be ______.

高得点レベル

559 challenge

チェアリンヂ [tʃǽlindʒ]

▶ That's a big **challenge** for me.

高得点レベル

560 danger

デインヂャア [déindʒər]　関連 dangerous

▶ They are in **danger**.

高得点レベル

561 injure

インヂャア [índʒər]　関連 injury

▶ I got **injured** in the accident.

詳しく get injuredで「けがをする」。

高得点レベル

562 law

ロー [lɔː]　関連 lawyer

▶ against the **law**

高得点レベル　発音

563 toward

トード [tɔːrd]

▶ I walked **toward** him.

高得点レベル

564 wheelchair

フウィーウチェアァ [hwíːltʃeər]　関連 chair

▶ people in **wheelchairs**

高得点レベル

565 dry

ドライ [drai]　関連 wet

▶ a **dry** area

高得点レベル

566 factory

フェアクトリ [fǽktəri]　複 factories

▶ work at a **factory**

高得点レベル

567 invent

インヴェント [invént]　関連 invention

▶ It was **invented** in the 18th century.

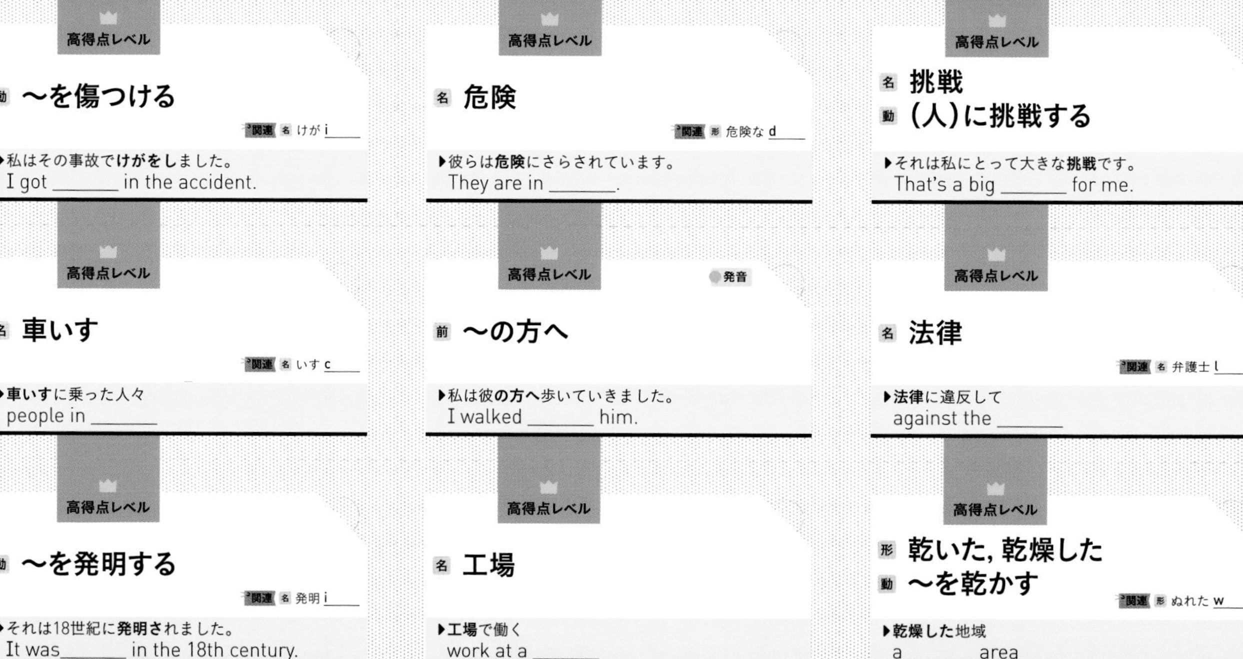

高得点レベル

動 **〜を傷つける**

関連 名 けが i_____

▶私はその事故で**けがをし**ました。
I got _______ in the accident.

高得点レベル

名 **危険**

関連 形 危険な d_____

▶彼らは**危険**にさらされています。
They are in _______.

高得点レベル

名 **挑戦**
動 **(人)に挑戦する**

▶それは私にとって大きな**挑戦**です。
That's a big _______ for me.

高得点レベル

名 **車いす**

関連 名 いす c_____

▶**車いす**に乗った人々
people in _______

高得点レベル

発音

前 **〜の方へ**

▶私は彼**の方へ**歩いていきました。
I walked _______ him.

高得点レベル

名 **法律**

関連 名 弁護士 l_____

▶**法律**に違反して
against the _______

高得点レベル

動 **〜を発明する**

関連 名 発明 i_____

▶それは18世紀に**発明さ**れました。
It was_______ in the 18th century.

高得点レベル

名 **工場**

▶**工場**で働く
work at a _______

高得点レベル

形 **乾いた, 乾燥した**
動 **〜を乾かす**

関連 形 ぬれた w_____

▶**乾燥した**地域
a _______ area

高得点レベル　発音

568 ancient

エインシェント[éinʃənt]　関連 modern

▶ **ancient** Egypt

高得点レベル

569 create

クリエイト[kriéit]

▶ **create** a new system

高得点レベル

570 earthquake

ア～スクウエイク[ə́:rθkweik]　関連 earth

▶ We had an **earthquake** yesterday.

高得点レベル

571 pain

ペイン[pein]　関連 fever

▶ I have a **pain** in my arm.

高得点レベル

572 prize

プラーイズ[praiz]

▶ win first **prize**

高得点レベル

573 serve

サ～ヴ[sə:rv]　関連 service

▶ **serve** good food

高得点レベル

574 common

カーモン[kámən]　比 more - most

▶ use English as a **common** language

高得点レベル

575 control

コントロウウ[kəntróul]

▶ This robot is **controlled** by a computer.

高得点レベル　つづり

576 headache

ヘデイク[hédeik]　関連 stomachache

▶ I have a **headache**.

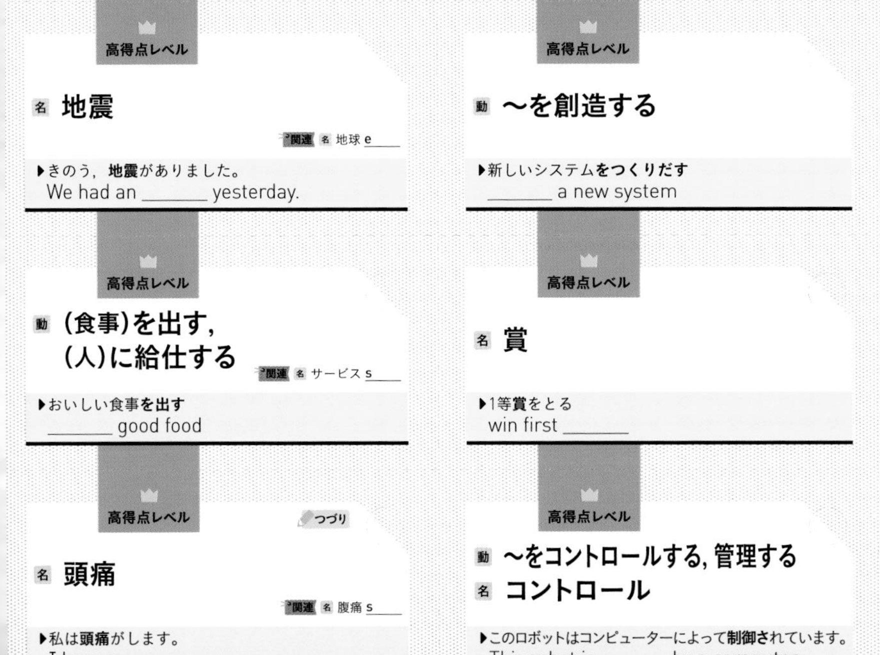

高得点レベル

名 **地震**

関連 名 地球 e____

▶きのう，**地震**がありました。
We had an ______ yesterday.

高得点レベル

動 **～を創造する**

▶新しいシステム**をつくりだす**
______ a new system

高得点レベル　発音

形 **古代の**

関連 形 現代の m____

▶**古代**エジプト
______ Egypt

高得点レベル

動 **(食事)を出す，(人)に給仕する**

関連 名 サービス s____

▶おいしい食事**を出す**
______ good food

高得点レベル

名 **賞**

▶1等**賞**をとる
win first ______

高得点レベル

名 **痛み**

関連 名 熱 f____

▶私は腕に**痛み**があります。
I have a ______ in my arm.

高得点レベル　つづり

名 **頭痛**

関連 名 腹痛 s____

▶私は**頭痛**がします。
I have a ______.

高得点レベル

動 **～をコントロールする，管理する**
名 **コントロール**

▶このロボットはコンピューターによって**制御され**ています。
This robot is ______ by a computer.

高得点レベル

形 **共通の，ありふれた**

▶英語を**共通**語として使う
use English as a ______ language

高得点レベル

577 **price**

プラーイス [prais]

▶ the **price** of food

高得点レベル

578 **quite**

クワーイト [kwait]

▶ The test is **quite** hard.

高得点レベル　つづり

579 **secret**

スィークリト [síːkrit]

▶ keep a **secret**

高得点レベル

580 **serious**

スィアリアス [síəriəs]　比 more - most

▶ a **serious** problem

高得点レベル

581 **circle**

サ～コウ [sə́ːrkl]　関連 square

▶ in a **circle**

高得点レベル

582 **climate**

クライミト [kláimət]　関連 weather

▶ **climate** change

高得点レベル　つづり

583 **encourage**

インカ～リヂ [inkə́ːridʒ]　関連 courage

▶ Her words **encouraged** me.

高得点レベル

584 **interview**

インタヴュー [íntərvjuː]

▶ have an **interview** with him

高得点レベル　つづり

585 **ahead**

アヘッド [əhéd]

▶ Can I use this? — Sure, **go ahead**.

詳しく **go ahead**で「どうぞ」の意味。

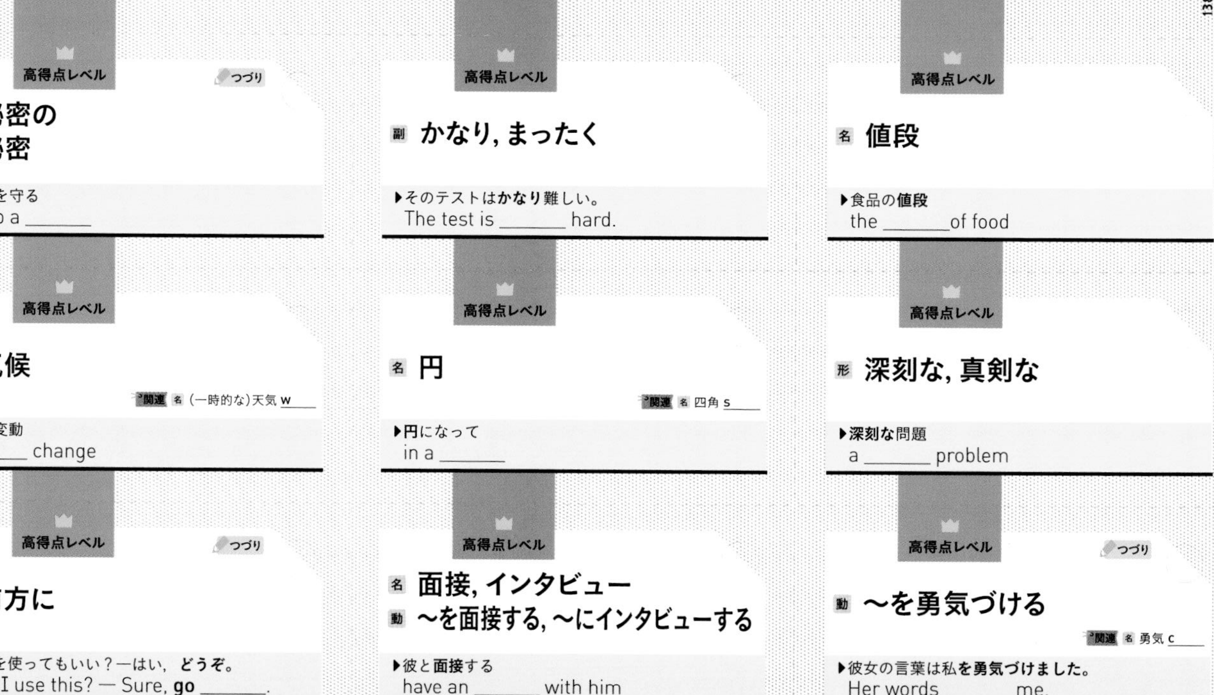

高得点レベル　つづり

形 **秘密の**
名 **秘密**

▶**秘密**を守る
keep a ______

高得点レベル

名 **気候**

関連 名 (一時的な)天気 w______

▶**気候**変動
______ change

高得点レベル　つづり

副 **前方に**

▶これを使ってもいい?―はい, **どうぞ。**
Can I use this? — Sure, **go** ______.

高得点レベル

副 **かなり, まったく**

▶そのテストは**かなり**難しい。
The test is ______ hard.

高得点レベル

名 **円**

関連 名 四角 s______

▶**円**になって
in a ______

高得点レベル

名 **面接, インタビュー**
動 **~を面接する, ~にインタビューする**

▶彼と**面接**する
have an ______ with him

高得点レベル

名 **値段**

▶食品の**値段**
the ______ of food

高得点レベル

形 **深刻な, 真剣な**

▶**深刻な**問題
a ______ problem

高得点レベル　つづり

動 **~を勇気づける**

関連 名 勇気 c______

▶彼女の言葉は私**を勇気づけました。**
Her words ______ me.

高得点レベル

586 effort

エファト [éfərt]

▶ make an **effort**

高得点レベル　つづり

587 increase

インクリース [inkríːs]　関連 decrease

▶ The world's population is **increasing**.

高得点レベル

588 thirsty

サ～スティ [θə́ːrsti]　関連 hungry

▶ I'm **thirsty**. I want something to drink.

高得点レベル

589 damage

デァミヂ [dǽmidʒ]

▶ cause serious **damage** to society

高得点レベル

590 discover

ディスカヴァア [diskʌ́vər]　関連 discovery

▶ He **discovered** some new facts.

高得点レベル

591 depend

ディペンド [dipénd]

▶ She **depends** on her parents.

詳しく **depend on ～で「～に頼る」「～次第である」。**

高得点レベル

592 pardon

パードン [páːrdn]

▶ **Pardon** (me)?

高得点レベル　つづり

593 professional

プロフェショナウ [prəféʃənəl]

▶ a **professional** soccer player

高得点レベル

594 public

パブリク [pʌ́blik]　関連 private

▶ a **public** place

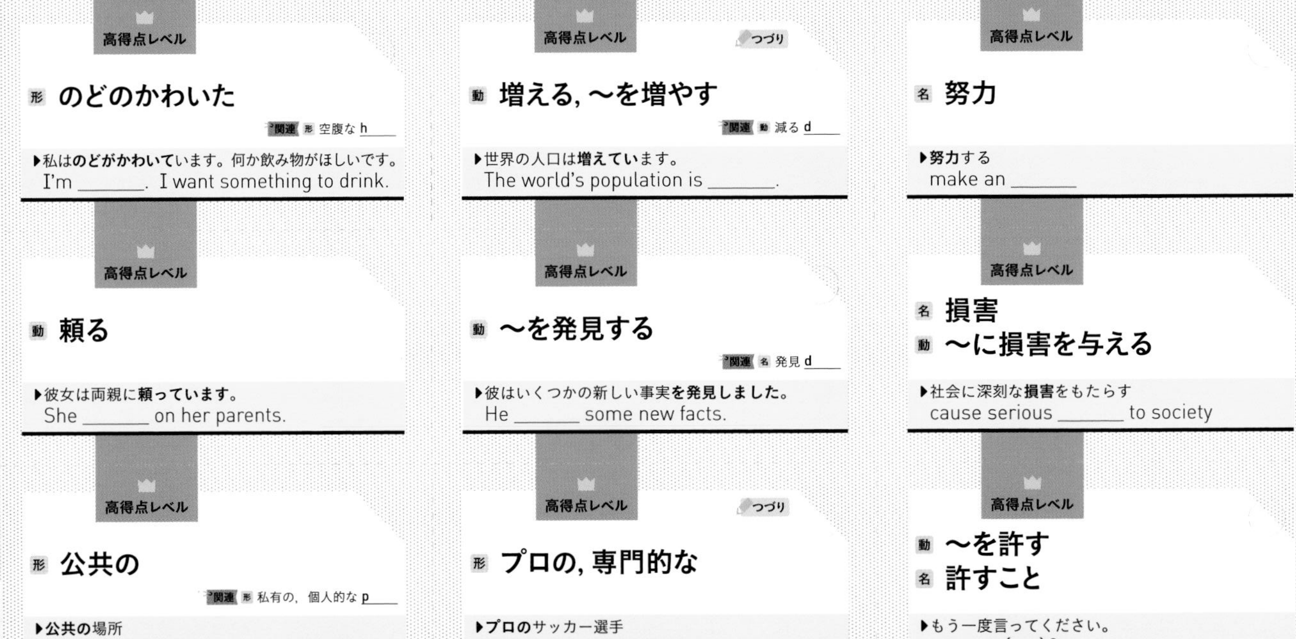

高得点レベル

形 **のどのかわいた**

関連 形 空腹な h_____

▶私は**のどがかわいて**います。何か飲み物がほしいです。
I'm _______. I want something to drink.

高得点レベル　つづり

動 **増える, ～を増やす**

関連 動 減る d_____

▶世界の人口は**増えてい**ます。
The world's population is _______.

高得点レベル

名 **努力**

▶**努力**する
make an _______

高得点レベル

動 **頼る**

▶彼女は両親に**頼っています。**
She _______ on her parents.

高得点レベル

動 **～を発見する**

関連 名 発見 d_____

▶彼はいくつかの新しい事実**を発見しました。**
He _______ some new facts.

高得点レベル

名 **損害**
動 **～に損害を与える**

▶社会に深刻な**損害**をもたらす
cause serious _______ to society

高得点レベル

形 **公共の**

関連 形 私有の, 個人的な p_____

▶**公共の**場所
a _______ place

高得点レベル　つづり

形 **プロの, 専門的な**

▶**プロの**サッカー選手
a _______ soccer player

高得点レベル

動 **～を許す**
名 **許すこと**

▶もう一度言ってください。
_______ (me)?

超ハイレベル

595 **certainly**

サ〜トンリ [sə́ːrtnli]　関連 certain

▶ Will you open the door? — **Certainly**.

超ハイレベル

596 **impossible**

インパースィボウ [impɑ́səbl]　関連 possible

▶ It's **impossible** to get the ticket.

超ハイレベル　つづり

597 **schedule**

スケヂューウ [skédʒuːl]

▶ a class **schedule**

超ハイレベル

598 **amazing**

アメイズィング [əméiziŋ]　比 more〜 - most〜

▶ an **amazing** story

超ハイレベル

599 **attention**

アテンション [əténʃən]

▶ pay **attention** to his words

詳しく pay attention to 〜で「〜に注意を払う」。

超ハイレベル

600 **pair**

ペアァ [peər]

▶ a **pair** of shoes

超ハイレベル　つづり

601 **address**

アドレス [ədrés]

▶ Can you give me your e-mail **address**?

超ハイレベル

602 **celebrate**

セレブレイト [séləbreit]

▶ **celebrate** her birthday

超ハイレベル

603 **disagree**

ディサグリー [disəgríː]　関連 agree

▶ I sometimes **disagree** with him.

詳しく disagree with 〜で「〜と意見が合わない」。

超ハイレベル　つづり

名 **予定(表)**

▶（授業の）**時間割**
a class ______

超ハイレベル

名 **1組《2つから成るものに使う》**

▶**1足**のくつ
a ______ of shoes

超ハイレベル

動 **意見が合わない**

関連 動 同意する a______

▶私はときどき彼と**意見が合いません。**
I sometimes ______ with him.

超ハイレベル

形 **不可能な**

関連 形 可能な p______

▶そのチケットを入手するのは**不可能**です。
It's______ to get the ticket.

超ハイレベル

名 **注意**

▶彼の言葉に**注意**する
pay ______ to his words

超ハイレベル

動 **～を祝う**

▶彼女の誕生日**を祝う**
______ her birthday

超ハイレベル

副 **確かに,（承諾の返事として）かしこまりました**

関連 形 ある～ c______

▶ドアを開けてくれませんか。―**かしこまりました。**
Will you open the door? ― ______.

超ハイレベル

形 **驚くべき, すばらしい**

▶**驚くような**話
an ______ story

超ハイレベル　つづり

名 **住所, アドレス**

▶あなたのEメール**アドレス**を教えてくれますか。
Can you give me your e-mail ______?

超ハイレベル

604 **everywhere**

エヴリフウエアァ [évrihweər] 関連 somewhere

▶ **everywhere** in the world

超ハイレベル

605 **housework**

ハウスワ〜ク [háuswəːrk]

▶ help with (the) **housework**

超ハイレベル 発音

606 **scared**

スケアド [skeərd]

▶ I was **scared** when I saw the snake.

超ハイレベル

607 **stair**

ステアァ [steər]

▶ go up the **stairs**

超ハイレベル 発音

608 **allow**

アラウ [əláu]

▶ Mr. Brown **allowed** us to use our dictionaries.

詳しく **allow … to 〜で「…が〜するのを許す」。**

超ハイレベル

609 **anyway**

エニウェイ [éniwei]

▶ Thanks **anyway**.

超ハイレベル

610 **experiment**

イクスペリメント [ikspérəmənt]

▶ do an **experiment**

超ハイレベル

611 **influence**

インフルエンス [ínfluəns]

▶ have an **influence** on our health

詳しく **have an influence on 〜で「〜に影響がある」。**

超ハイレベル

612 **noisy**

ノーイズィ [nɔ́izi] 関連 noise

▶ Don't be **noisy** in class.

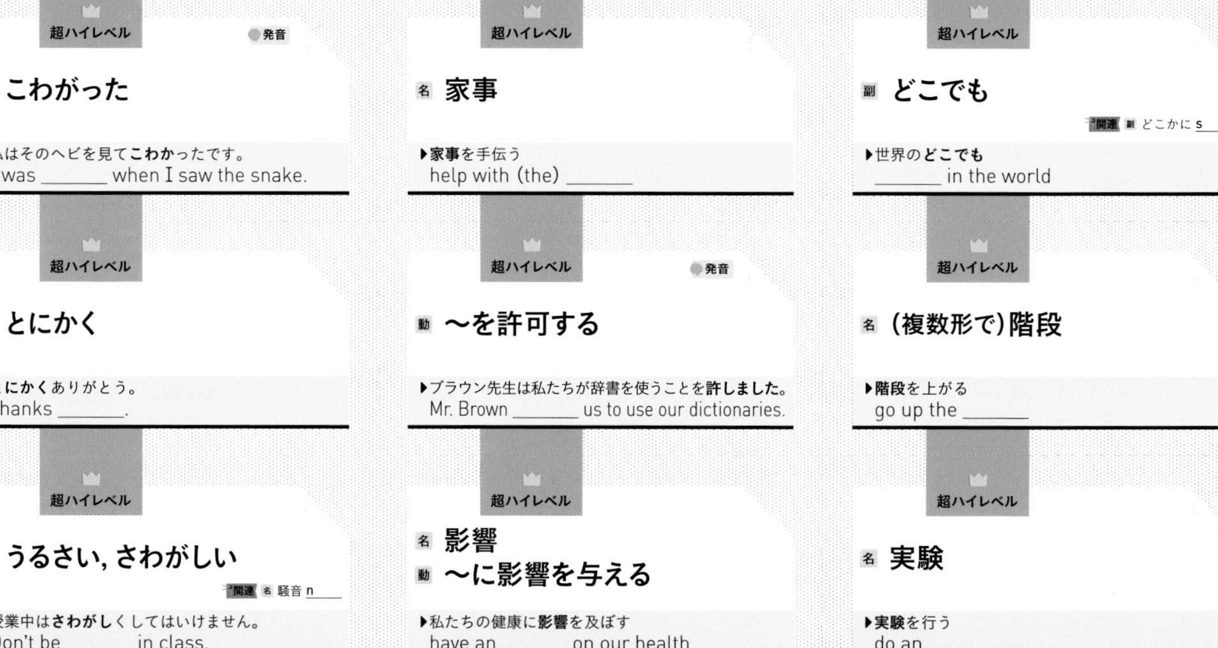

超ハイレベル 発音

形 **こわがった**

▶私はそのヘビを見て**こわか**ったです。
I was ______ when I saw the snake.

超ハイレベル

名 **家事**

▶**家事**を手伝う
help with (the) ______

超ハイレベル

副 **どこでも**

関連 副 どこかに s______

▶世界の**どこでも**
______ in the world

超ハイレベル

副 **とにかく**

▶**とにかく**ありがとう。
Thanks ______.

超ハイレベル 発音

動 **～を許可する**

▶ブラウン先生は私たちが辞書を使うことを**許しました。**
Mr. Brown ______ us to use our dictionaries.

超ハイレベル

名 **（複数形で）階段**

▶**階段**を上がる
go up the ______

超ハイレベル

形 **うるさい，さわがしい**

関連 名 騒音 n______

▶授業中は**さわがし**くしてはいけません。
Don't be ______ in class.

超ハイレベル

名 **影響**
動 **～に影響を与える**

▶私たちの健康に**影響**を及ぼす
have an ______ on our health

超ハイレベル

名 **実験**

▶**実験**を行う
do an ______

超ハイレベル

613 **survive**

サヴァーイヴ [sərváiv]　関連 survival

▶ Animals have many different ways to **survive**.

超ハイレベル

614 **crowded**

クラーウディド [kráudid]　関連 crowd

▶ The train was very **crowded**.

超ハイレベル

615 **direction**

ディレクション [dirékʃən]

▶ in the right **direction**

超ハイレベル　つづり

616 **success**

サクセス [səksés]　関連 succeed

▶ The festival was a big **success**.

超ハイレベル　つづり

617 **exercise**

エクササーイズ [éksərsaiz]

▶ do **exercise**

超ハイレベル

618 **noise**

ノーイズ [nɔiz]　関連 noisy

▶ make a **noise**

超ハイレベル

619 **recently**

リースントリ [ríːsntli]

▶ He came here **recently**.

詳しく 過去か現在完了形の文で使う。

超ハイレベル

620 **society**

ソサーイエティ [səsáiəti]　関連 social

▶ problems in our **society**

超ハイレベル

621 **capital**

キャピトゥ [kǽpətl]

▶ Tokyo is the **capital** of Japan.

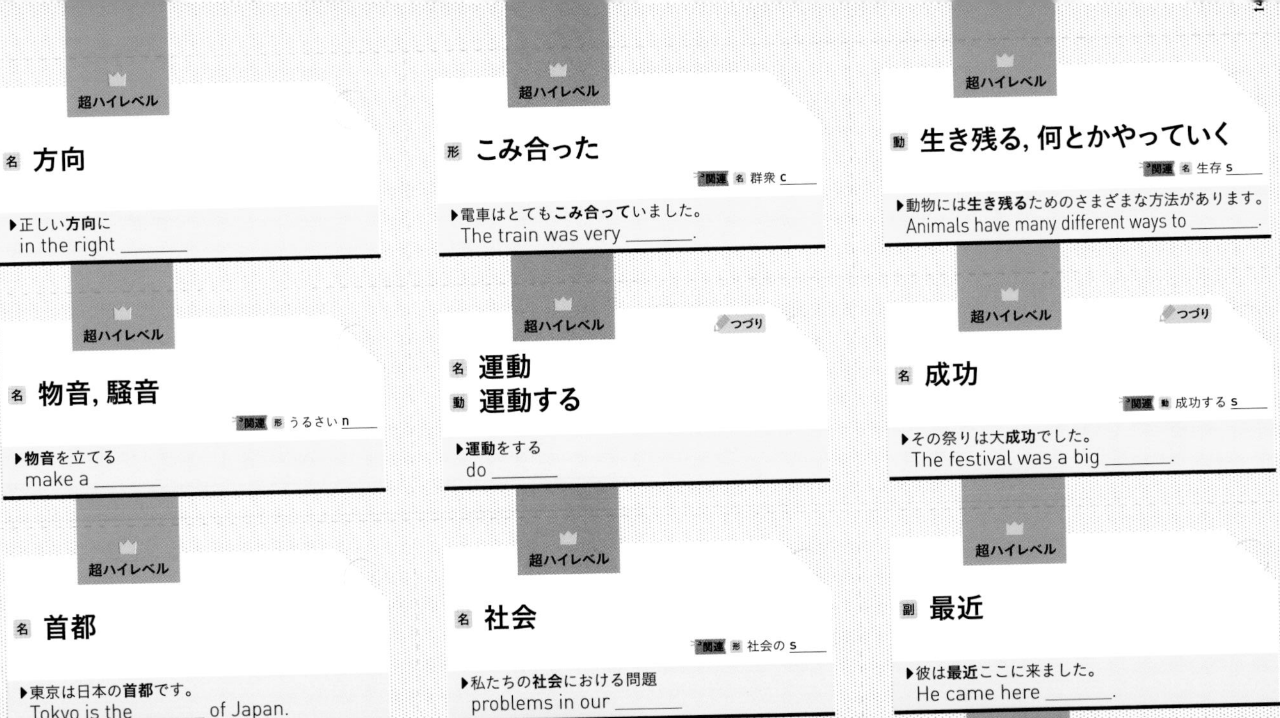

超ハイレベル

名 **方向**

▶正しい**方向**に
in the right ________

超ハイレベル

名 **物音, 騒音**

関連 形 うるさい n____

▶**物音**を立てる
make a ________

超ハイレベル

名 **首都**

▶東京は日本の**首都**です。
Tokyo is the ________ of Japan.

超ハイレベル

形 **こみ合った**

関連 名 群衆 c____

▶電車はとても**こみ合って**いました。
The train was very ________.

超ハイレベル　つづり

名 **運動**
動 **運動する**

▶**運動**をする
do ________

超ハイレベル

名 **社会**

関連 形 社会の s____

▶私たちの**社会**における問題
problems in our ________

超ハイレベル

動 **生き残る, 何とかやっていく**

関連 名 生存 s____

▶動物には**生き残る**ためのさまざまな方法があります。
Animals have many different ways to ________.

超ハイレベル　つづり

名 **成功**

関連 動 成功する s____

▶その祭りは大**成功**でした。
The festival was a big ________.

超ハイレベル

副 **最近**

▶彼は**最近**ここに来ました。
He came here ________.

超ハイレベル

622 **daily**

デイリ [déili]

▶ **daily** life

超ハイレベル

623 **personal**

パ〜ソナゥ [pə́:rsənəl]　関連 person

▶ a **personal** experience

超ハイレベル

624 **relationship**

リレイションシプ [riléiʃənʃip]

▶ have a good **relationship** with others

超ハイレベル

625 **effect**

イフェクト [ifékt]

▶ have a bad **effect** on animals

超ハイレベル

626 **exam**

イグゼアム [igzǽm]　関連 test

▶ I have an **exam** next week.

超ハイレベル

627 **instrument**

インストルメント [ínstrumənt]

▶ Can you play any musical **instruments**?

超ハイレベル

628 **knowledge**

ナーリヂ [nálidʒ]　関連 know

▶ His **knowledge** of history is amazing.

超ハイレベル

629 **convenient**

コンヴィーニエント [kənví:njənt]

▶ The shop is **convenient** for us.

超ハイレベル　発音

630 **improve**

インプルーヴ [imprú:v]

▶ **improve** my English

超ハイレベル

名 **関係**

▶ほかの人たちといい**関係**を持っている
have a good ______ with others

超ハイレベル

形 **個人の**

関連 名 人 p______

▶**個人的な**経験
a ______ experience

超ハイレベル

形 **日常の**

▶**日常**生活
______ life

超ハイレベル

名 **楽器**

▶あなたは何か**楽器**を演奏できますか。
Can you play any musical ______?

超ハイレベル

名 **試験**

関連 名 テスト t______

▶私は来週**試験**があります。
I have an ______ next week.

超ハイレベル

名 **影響, 効果**

▶動物に悪い**影響**を与える
have a bad ______ on animals

超ハイレベル

発音

動 **～を改良[上達]させる**

▶私の英語**を上達させる**
______ my English

超ハイレベル

形 **便利な**

▶その店は私たちにとって**便利**です。
The shop is ______ for us.

超ハイレベル

名 **知識**

関連 動 知っている k______

▶彼の歴史の**知識**はすばらしい。
His ______ of history is amazing.

超ハイレベル

631 **ordinary**

オーディネリ [ɔ́ːrdəneri]

▶ **ordinary** people

超ハイレベル

632 **breathe**

ブリーズ [briːð]

関連 breath

▶ **breathe** fresh air

超ハイレベル

633 **greeting**

グリーティング [gríːtiŋ]

関連 greet

▶ start with a **greeting**

超ハイレベル

634 **silent**

サイレント [sáilənt]

関連 silence

▶ They kept **silent**.

超ハイレベル

発音

635 **industrial**

インダストリアウ [indʌ́striəl]

関連 industry

▶ **industrial** waste

超ハイレベル

636 **passenger**

ペァセンヂャァ [pǽsəndʒər]

▶ a list of **passengers**

超ハイレベル

つづり

637 **sightseeing**

サーイトスィーイング [sáitsiːiŋ]

▶ a **sightseeing** tour

超ハイレベル

638 **compare**

コンペアァ [kəmpéər]

▶ **compare** my paintings with hers

詳しく compare A with Bで「AをBと比べる」。

超ハイレベル

639 **population**

パピュレイション [pɑpjuléiʃən]

▶ the **population** of Japan

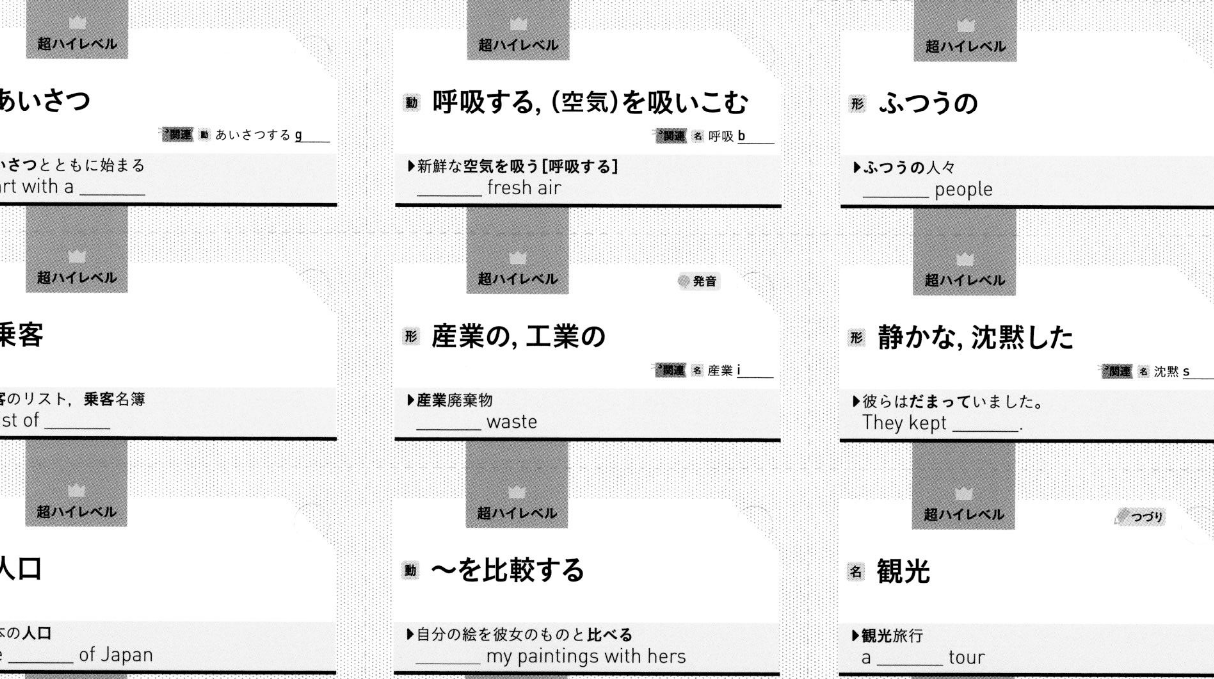

超ハイレベル

名 **あいさつ**

関連 動 あいさつする g____

▶**あいさつ**とともに始まる
start with a ____

超ハイレベル

名 **乗客**

▶**乗客**のリスト, **乗客**名簿
a list of ____

超ハイレベル

名 **人口**

▶日本の**人口**
the ____ of Japan

超ハイレベル

動 **呼吸する, (空気)を吸いこむ**

関連 名 呼吸 b____

▶新鮮な**空気を吸う[呼吸する]**
____ fresh air

超ハイレベル

発音

形 **産業の, 工業の**

関連 名 産業 i____

▶**産業**廃棄物
____ waste

超ハイレベル

動 **〜を比較する**

▶自分の絵を彼女のものと**比べる**
____ my paintings with hers

超ハイレベル

形 **ふつうの**

▶**ふつうの**人々
____ people

超ハイレベル

形 **静かな, 沈黙した**

関連 名 沈黙 s____

▶彼らは**だまって**いました。
They kept ____.

超ハイレベル

つづり

名 **観光**

▶**観光**旅行
a ____ tour

超ハイレベル

640 **reply**

リプラーイ [riplái]

過 replied - replied
3単現 replies

▶ He **replied** to my question.

詳しく reply to ～で「～に返事［返答］する」。

超ハイレベル

641 **stranger**

ストレインヂャァ [stréindʒər]

関連 strange

▶ I'm a **stranger** here.

詳しく 道を尋ねられたときの返答。

超ハイレベル

642 **surf**

サ～フ [sə:rf]

▶ **surf** the Internet

超ハイレベル

643 **comfortable**

カンファタボウ [kʌ́mfərtəbl]

比 more～ - most～

▶ a **comfortable** sofa

超ハイレベル

644 **graduation**

グレアヂュエイション [grædʒuéiʃən]

関連 graduate

▶ a **graduation** ceremony

超ハイレベル

645 **universal**

ユーニヴァ～サゥ [ju:nəvə́:rsəl]

▶ **universal** design

超ハイレベル

646 **boring**

ボーリング [bɔ́:riŋ]

関連 bored

▶ a **boring** TV program

超ハイレベル

647 **thick**

スイック [θik]

関連 thin

▶ a **thick** book

超ハイレベル

648 **wooden**

発音

ウドン [wúdn]

関連 wood

▶ a **wooden** building

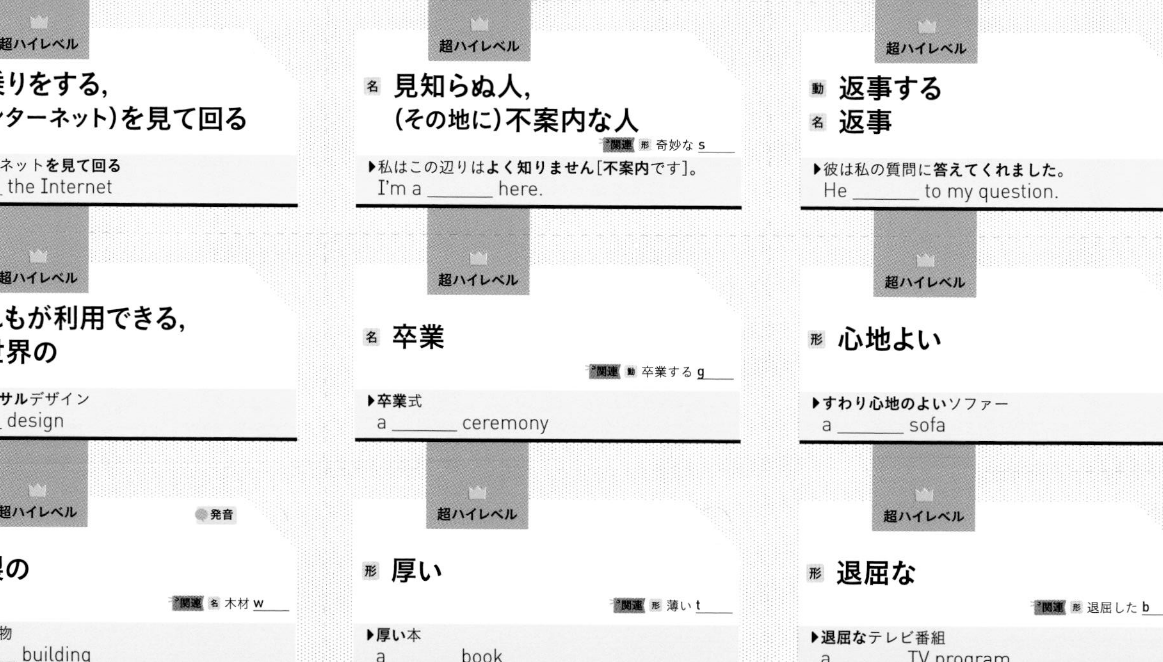

超ハイレベル

動 **波乗りをする,（インターネット）を見て回る**

▶インターネット**を見て回る**
_______ the Internet

超ハイレベル

名 **見知らぬ人,（その地に）不案内な人**

関連 形 奇妙な s_____

▶私はこの辺りは**よく知りません**[**不案内**です]。
I'm a _______ here.

超ハイレベル

動 **返事する**
名 **返事**

▶彼は私の質問に**答えてくれました。**
He _______ to my question.

超ハイレベル

形 **だれもが利用できる,全世界の**

▶**ユニバーサル**デザイン
_______ design

超ハイレベル

名 **卒業**

関連 動 卒業する g_____

▶**卒業**式
a _______ ceremony

超ハイレベル

形 **心地よい**

▶**すわり心地のよい**ソファー
a _______ sofa

超ハイレベル

発音

形 **木製の**

関連 名 木材 w_____

▶**木造の**建物
a _______ building

超ハイレベル

形 **厚い**

関連 形 薄い t_____

▶**厚い**本
a _______ book

超ハイレベル

形 **退屈な**

関連 形 退屈した b_____

▶**退屈な**テレビ番組
a _______ TV program

超ハイレベル　発音

649 aquarium

アクウェアリアム [əkwéəriəm]　関連 zoo

▶ How can I get to the **aquarium**?

超ハイレベル

650 helpful

ヘウプフォウ [hélpfəl]　関連 help

▶ Her advice was **helpful** to me.

超ハイレベル

651 pleasure

プレジャア [pléʒər]

▶ Thank you. — My **pleasure**.

超ハイレベル

652 disappointed

ディサポインティド [disəpɔ́intid]

▶ I was **disappointed**.

超ハイレベル

653 search

サ～チ [səːrtʃ]

▶ **search** for treasures

超ハイレベル

654 asleep

アスリープ [əslíːp]　関連 sleep

▶ I fell **asleep** at once.

詳しく fall asleepで「寝入る，眠りに落ちる」。

超ハイレベル

655 childhood

チャイウドフド [tʃáildhud]　関連 child

▶ in my **childhood**

超ハイレベル

656 state

ステイト [steit]

▶ the United **States**

超ハイレベル

657 remind

リマーインド [rimáind]

▶ This song **reminds** me of my teacher.

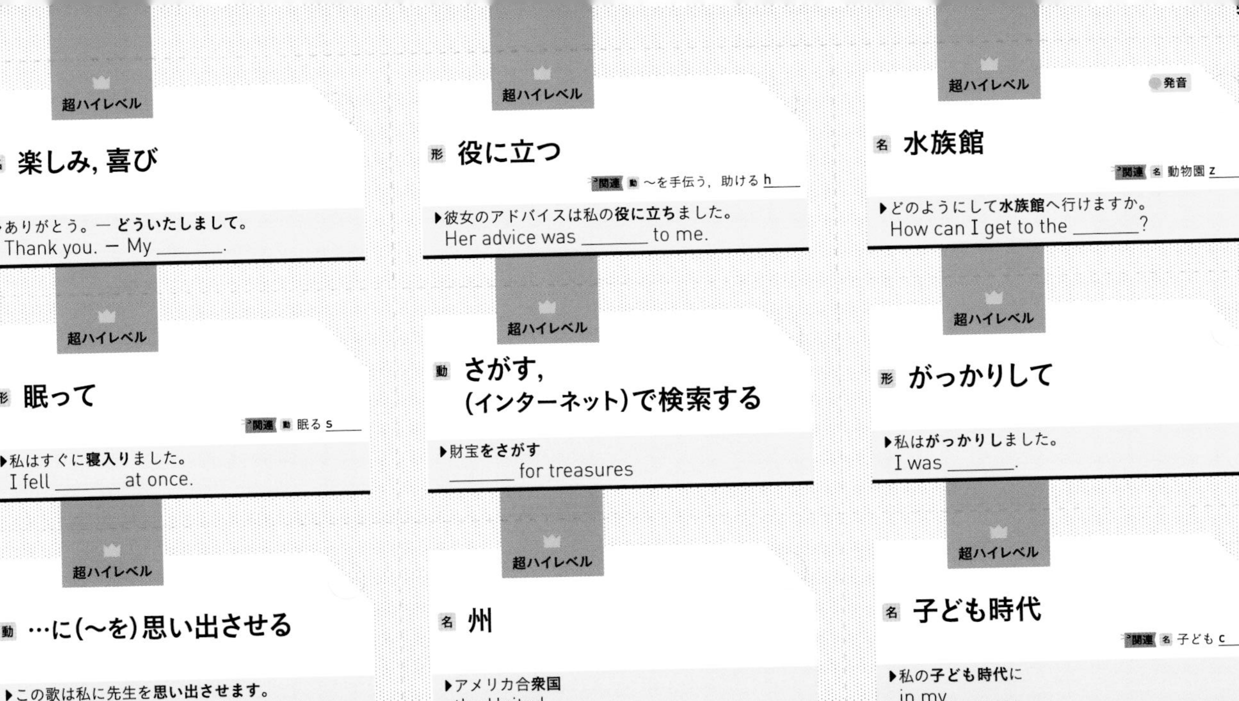

超ハイレベル

名 **楽しみ, 喜び**

▶ありがとう。— **どういたしまして。**
Thank you. — My ＿＿＿.

超ハイレベル

形 **眠って**

関連 動 眠る s＿＿＿

▶私はすぐに**寝入り**ました。
I fell ＿＿＿ at once.

超ハイレベル

動 **…に(〜を)思い出させる**

▶この歌は私に先生を**思い出させます。**
This song ＿＿＿ me of my teacher.

超ハイレベル

形 **役に立つ**

関連 動 〜を手伝う，助ける h＿＿＿

▶彼女のアドバイスは私の**役に立ち**ました。
Her advice was ＿＿＿ to me.

超ハイレベル

動 **さがす,**
(インターネット)で検索する

▶財宝**をさがす**
＿＿＿ for treasures

超ハイレベル

名 **州**

▶アメリカ合**衆国**
the United ＿＿＿

超ハイレベル

発音

名 **水族館**

関連 名 動物園 z＿＿＿

▶どのようにして**水族館**へ行けますか。
How can I get to the ＿＿＿?

超ハイレベル

形 **がっかりして**

▶私は**がっかり**しました。
I was ＿＿＿.

超ハイレベル

名 **子ども時代**

関連 名 子ども c＿＿＿

▶私の**子ども時代**に
in my ＿＿＿

超ハイレベル つづり

658 unfortunately

アンフォーチュネトリ [ʌnfɔ́:rtʃənətli] 関連 fortune

▶ **Unfortunately**, my toy was broken.

超ハイレベル

659 anymore

エニモーア [enimɔ́:r]

▶ I can't walk **anymore**.

超ハイレベル

660 habit

ヘァビト [hǽbit] 関連 custom

▶ She has a bad **habit**.

超ハイレベル

661 native

ネイティヴ [néitiv]

▶ He is a **native** speaker of English.

超ハイレベル

662 responsible

リスパーンスィボウ [rispánsəbl] 関連 responsibility

▶ We are **responsible** for our actions.

超ハイレベル

663 couple

カポウ [kʌ́pl]

▶ a **couple** of days

超ハイレベル

664 degree

ディグリー [digrí:]

▶ a temperature of 20 **degrees**

超ハイレベル

665 value

ヴェァリュー [vǽlju:]

▶ the **value** of education

超ハイレベル

666 greenhouse

グリーンハウス [grí:nhaus]

▶ **greenhouse** gas

超ハイレベル

名 (個人の)習慣

関連 名 (社会の) 習慣 c____

▶彼女には悪い**習慣**があります。
She has a bad ____.

超ハイレベル

名 2つ, 1対(つい), 夫婦, カップル

▶2, 3日
a ____ of days

超ハイレベル

名 温室

▶**温室効果**ガス
____ gas

超ハイレベル

副 (否定文で)もう, いまは

▶私は**もう**歩けません。
I can't walk ____.

超ハイレベル

形 責任がある

関連 名 責任 r____

▶私たちは自分の行動に**責任があり**ます。
We are ____ for our actions.

超ハイレベル

名 価値

▶教育の**価値**
the ____ of education

超ハイレベル　つづり

副 不運にも

関連 名 運 f____

▶**不運にも**私のおもちゃは壊されました。
____, my toy was broken.

超ハイレベル

形 母国の, その土地の

▶彼は英語を**母語とする**人です。
He is a ____ speaker of English.

超ハイレベル

名 (温度などの)度, 程度

▶20**度**の温度
a temperature of 20 ____

超ハイレベル

667 senior

スィーニャ [síːnjər]

▶ a **senior** high school

超ハイレベル

668 fantástic

フェアンテアスティク [fæntǽstik]

▶ I passed the exam. — **Fantastic**!

超ハイレベル　つづり

669 knock

ナーク [nɑk]

▶ **knock** on the door

超ハイレベル

670 índustry

インダストリ [índəstri]　関連 industrial

▶ the car **industry**

超ハイレベル

671 exáctly

イグゼアクトリ [igzǽktli]

▶ **exactly** the same size

超ハイレベル

672 pássport

ペアスポート [pǽspɔːrt]

▶ Show me your **passport**, please.

超ハイレベル

673 fail

フェイゥ [feil]　関連 succeed

▶ He **failed** again, but he didn't give up.

超ハイレベル

674 none

ナン [nʌn]

▶ **None** of us speak Chinese.

超ハイレベル

675 resource

リーソース [ríːsɔːrs]　関連 source

▶ natural **resources**

超ハイレベル　つづり

動 **ノックする**
名 **ノック(の音)**

▶ドアを**ノックする**
_______ on the door

超ハイレベル

名 **パスポート**

▶**パスポート**を見せてください。
Show me your _______, please.

超ハイレベル

名 **(複数形で)資源**

関連 名 源 s_____

▶天然**資源**
natural _______

超ハイレベル

形 **すばらしい, 空想的な**

▶試験に合格したよ。—**すごいね**！
I passed the exam. — _______!

超ハイレベル

副 **正確に, まさに**

▶**まさに**同じ大きさ
_______ the same size

超ハイレベル

代 **1つも[だれも]〜ない**

▶私たちの**だれも**中国語を話し**ません**。
_______ of us speak Chinese.

超ハイレベル

形 **年上の (⇔junior)**

▶**高等**学校
a _______ high school

超ハイレベル

名 **産業, 工業**

関連 形 工業の i_____

▶自動車**産業**
the car _______

超ハイレベル

動 **失敗する, 〜に落第する**

関連 動 成功する s_____

▶彼はまた**失敗しました**が，あきらめませんでした。
He _______ again, but he didn't give up.

✔ Check!
曜日

- **Monday** マンデイ [mʌ́ndei]
- **Tuesday** テューズデイ [tjúːzdei]
- **Wednesday** ウェンズデイ [wénzdei]

✔ Check!
曜日

- **Thursday** サ～ズデイ [θə́ːrzdei]
- **Friday** フライデイ [fráidei]

✔ Check!
曜日

- **Saturday** セァタデイ [sǽtərdei]
- **Sunday** サンデイ [sʌ́ndei]

✔ Check!
月

- **January** ヂェァニュエリ [dʒǽnjueri]
- **February** フェブルエリ [fébrueri]
- **March** マーチ [mɑːrtʃ]

✔ Check!
月

- **April** エイプリゥ [éiprəl]
- **May** メイ [mei]
- **June** ヂューン [dʒuːn]

✔ Check!
月

- **July** ヂュラーイ [dʒulái]
- **August** オーガスト [ɔ́ːgəst]
- **September** セプテンバァ [septémbər]

✔ Check!
月

- **October** アクトウバァ [ɑktóubər]
- **November** ノウヴェンバァ [nouvémbər]
- **December** ディセンバァ [disémbər]

✔ Check!
季節

- **spring** スプリング [spriŋ]
- **fall** フォーゥ [fɔːl]
- **summer** サマァ [sʌ́mər]
- **winter** ウィンタァ [wíntər]

✔ Check!
方角

- **east** イースト [iːst]
- **north** ノース [nɔːrθ]
- **west** ウエスト [west]
- **south** サウス [sauθ]

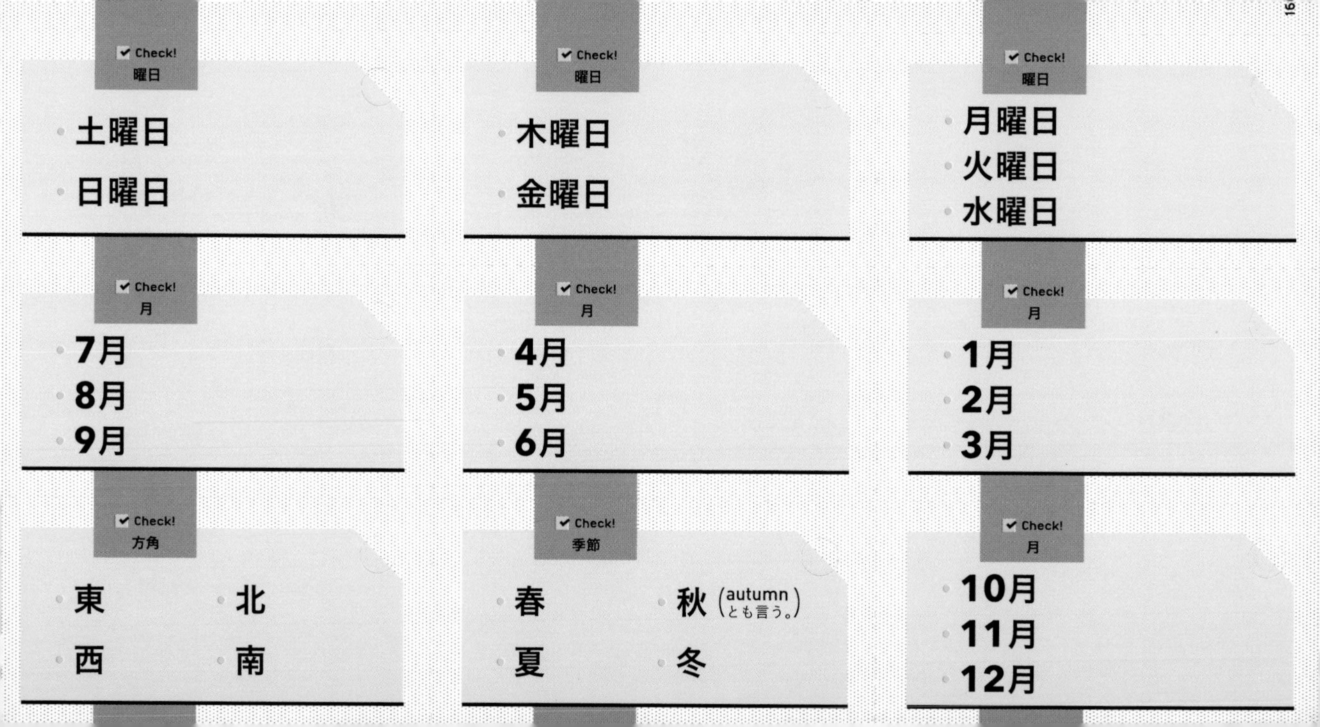

✔ Check!
曜日

- 月曜日
- 火曜日
- 水曜日

✔ Check!
曜日

- 木曜日
- 金曜日

✔ Check!
曜日

- 土曜日
- 日曜日

✔ Check!
月

- 1月
- 2月
- 3月

✔ Check!
月

- 4月
- 5月
- 6月

✔ Check!
月

- 7月
- 8月
- 9月

✔ Check!
月

- 10月
- 11月
- 12月

✔ Check!
季節

- 春
- 夏
- 秋（autumnとも言う。）
- 冬

✔ Check!
方角

- 東
- 西
- 北
- 南

✔ Check!
時間，時

- **second** セカンド [sékənd]
- **minute** ミニト [mínit]
- **hour** アーウアァ [áuər]

✔ Check!
時間，時

- **day** デイ [dei]
- **week** ウィーク [wi:k]
- **month** マンス [mʌnθ]
- **year** イアァ [jiər]

✔ Check!
天気・寒暖

- **sunny** サニ [sʌ́ni]
- **rainy** レイニ [réini]
- **cloudy** クラウディ [kláudi]

✔ Check!
天気・寒暖

- **snowy** スノウイ [snóui]
- **windy** ウィンディ [wíndi]

✔ Check!
天気・寒暖

- **hot** ハート [hɑt]
- **cold** コウウド [kould]

✔ Check!
天気・寒暖

- **warm** ウォーム [wɔ:rm]
- **cool** クーウ [ku:l]

✔ Check!
天気・寒暖

- 晴れた
- 雨降りの
- くもりの

✔ Check!
時間, 時

- 日
- 月
- 週
- 年

✔ Check!
時間, 時

- 秒
- 分
- 1時間

✔ Check!
天気・寒暖

- 暖かい, 温かい
- すずしい

✔ Check!
天気・寒暖

- 暑い, 熱い
- 寒い, 冷たい

✔ Check!
天気・寒暖

- 雪の降る
- 風の強い

✔ Check! 語形変化

have

動 ～を持っている

▶私は7時に朝食を**食べました**。
I _____ breakfast at seven.

✔ Check! 語形変化

go

動 行く

▶彼女は図書館へ**行きました**。
She _____ to the library.

✔ Check! 語形変化

say

動 ～と言う

▶彼女はみんなにさようならを**言いました**。
She _____ goodbye to everyone.

✔ Check! 語形変化

see

動 ～を見る, ～に会う

▶あなたはあの映画**を見た**ことがありますか。
Have you ever _____ that movie?

✔ Check! 語形変化

think

動 ～と思う, 考える

▶私は彼は来る**と思っていました**。
I _____ he would come.

✔ Check! 語形変化

do

動 ～をする

▶私は昨夜，宿題**をしました**。
I _____ my homework last night.

✔ Check! 語形変化

make

動 ～を作る, AをBにする

▶その知らせは私たちを幸せ**にしました**。
The news _____ us happy.

✔ Check! 語形変化

know

動 ～を知っている

▶彼は私たちの町のだれもに**知られて**います。
He is _____ to everybody in our town.

✔ Check! 語形変化

come

動 来る

▶彼は私に会いに**来ました**。
He _____ to see me.

✔ Check! 語形変化

say - said - said

▶彼女はみんなにさようならを言いました。
She said goodbye to everyone.

✔ Check! 語形変化

do - did - done

▶私は昨夜，宿題をしました。
I did my homework last night.

✔ Check! 語形変化

come - came - come

▶彼は私に会いに来ました。
He came to see me.

✔ Check! 語形変化

go - went - gone

▶彼女は図書館へ行きました。
She went to the library.

✔ Check! 語形変化

think - thought - thought

▶私は彼は来ると思っていました。
I thought he would come.

✔ Check! 語形変化

know - knew - known

▶彼は私たちの町のだれもに知られています。
He is known to everybody in our town.

✔ Check! 語形変化

have - had - had

▶私は7時に朝食を食べました。
I had breakfast at seven.

✔ Check! 語形変化

see - saw - seen

▶あなたはあの映画を見たことがありますか。
Have you ever seen that movie?

✔ Check! 語形変化

make - made - made

▶その知らせは私たちを幸せにしました。
The news made us happy.

✔ Check! 語形変化

get

動 ～を得る, 手に入れる

▶私は祖母からプレゼント**をもらいました**。
I ＿＿＿ a present from my grandmother.

✔ Check! 語形変化

take

動 ～を(手に)取る, ～を連れて[持って]いく

▶父は私たちを動物園に**連れていってくれました**。
My father ＿＿＿ us to the zoo.

✔ Check! 語形変化

tell

動 ～を伝える

▶母は私に部屋をそうじするように**言いました**。
My mother ＿＿＿ me to clean my room.

✔ Check! 語形変化

read

動 ～を読む

▶私はこの本を何度も**読んだ**ことがあります。
I've ＿＿＿ this book many times.

✔ Check! 語形変化

eat

動 ～を食べる

▶私たちは昼食にカレーライス**を食べました**。
We ＿＿＿ curry and rice for lunch.

✔ Check! 語形変化

give

動 ～を与える

▶この本は父に**もらいました**。
This book was ＿＿＿ to me by my father.

✔ Check! 語形変化

leave

動 ～を去る, ～を出発する, ～を置いていく

▶彼は先週, 日本**を出発しました**。
He ＿＿＿ Japan last week.

✔ Check! 語形変化

write

動 ～を書く

▶この手紙はケイトによって**書かれ**ました。
This letter was ＿＿＿ by Kate.

✔ Check! 語形変化

become

動 ～になる

▶姉はこの4月に, 教師**になりました**。
My sister ＿＿＿ a teacher this April.

✔ Check! 語形変化

tell - told - told

▶母は私に部屋をそうじするように言いました。
My mother told me to clean my room.

✔ Check! 語形変化

take - took - taken

▶父は私たちを動物園に連れていってくれました。
My father took us to the zoo.

✔ Check! 語形変化

get - got - gotten [got]

▶私は祖母からプレゼントをもらいました。
I got a present from my grandmother.

✔ Check! 語形変化

give - gave - given

▶この本は父にもらいました。
This book was given to me by my father.

✔ Check! 語形変化

eat - ate - eaten

▶私たちは昼食にカレーライスを食べました。
We ate curry and rice for lunch.

✔ Check! 語形変化

read - read - read

▶私はこの本を何度も読んだことがあります。
I've read this book many times.

✔ Check! 語形変化

become - became - become

▶姉はこの4月に，教師になりました。
My sister became a teacher this April.

✔ Check! 語形変化

write - wrote - written

▶この手紙はケイトによって書かれました。
This letter was written by Kate.

✔ Check! 語形変化

leave - left - left

▶彼は先週，日本を出発しました。
He left Japan last week.

✔ Check! 語形変化

speak

動 ～を話す

▶この国では何語が**話されて**いますか。
What language is ＿＿＿ in this country?

✔ Check! 語形変化

hear

動 ～を聞く，～が聞こえる

▶私は奇妙な音**を聞きました**。
I ＿＿＿ a strange sound.

✔ Check! 語形変化

feel

動 感じる

▶私は昼食後に眠いと**感じました**。
I ＿＿＿ sleepy after lunch.

✔ Check! 語形変化

buy

動 ～を買う

▶父は私に新しい自転車**を買ってくれました**。
My father ＿＿＿ me a new bike.

✔ Check! 語形変化

run

動 走る

▶彼女は全速力で**走りました**。
She ＿＿＿ as fast as she could.

✔ Check! 語形変化

meet

動 ～に会う

▶私たちは以前**会った**ことがあると思います。
I think we've ＿＿＿ before.

✔ Check! 語形変化

understand

動 ～を理解する

▶彼女は私が言っていること**を理解しました**。
She ＿＿＿ what I was saying.

✔ Check! 語形変化

teach

動 ～を教える

▶数学は八木先生が**教えてくれて**います。
Math is ＿＿＿ by Mr. Yagi.

✔ Check! 語形変化

sing

動 (歌を)歌う

▶この歌は世界中で**歌われて**います。
This song is ＿＿＿ all over the world.

✔ Check! 語形変化

feel - felt - felt

▶私は昼食後に眠いと感じました。
I felt sleepy after lunch.

✔ Check! 語形変化

hear - heard - heard

▶私は奇妙な音を聞きました。
I heard a strange sound.

✔ Check! 語形変化

speak - spoke - spoken

▶この国では何語が話されていますか。
What language is spoken in this country?

✔ Check! 語形変化

meet - met - met

▶私たちは以前会ったことがあると思います。
I think we've met before.

✔ Check! 語形変化

run - ran - run

▶彼女は全速力で走りました。
She ran as fast as she could.

✔ Check! 語形変化

buy - bought - bought

▶父は私に新しい自転車を買ってくれました。
My father bought me a new bike.

✔ Check! 語形変化

sing - sang - sung

▶この歌は世界中で歌われています。
This song is sung all over the world.

✔ Check! 語形変化

teach - taught - taught

▶数学は八木先生が教えてくれています。
Math is taught by Mr. Yagi.

✔ Check! 語形変化

understand - understood - understood

▶彼女は私が言っていることを理解しました。
She understood what I was saying.

✔ Check!
語形変化

mean

動 ～を意味する

▶私は彼の言おうとしていることがわかりませんでした。
I didn't know what he ______.

✔ Check!
語形変化

bring

動 ～を持ってくる，連れてくる

▶彼はパーティーに妻を連れてきました。
He ______ his wife to the party.

✔ Check!
語形変化

put

動 ～を置く

▶彼はかばんを机の上に置きました。
He ______ his bag on the desk.

✔ Check!
語形変化

begin

動 ～を始める，始まる

▶突然，雨が降り始めました。
Suddenly, it ______ to rain.

✔ Check!
語形変化

keep

動 ～を保つ，～し続ける

▶彼らはその川をきれいな状態に保ちました。
They ______ the river clean.

✔ Check!
語形変化

send

動 ～を送る

▶私はきのう，彼女にメールを送りました。
I ______ an e-mail to her yesterday.

✔ Check!
語形変化

swim

動 泳ぐ

▶彼らは川を泳いで渡りました。
They ______ across the river.

✔ Check!
語形変化

win

動 ～に勝つ，(賞など)を獲得する

▶彼女はコンテストで1等賞をとりました。
She ______ first prize in the contest.

✔ Check!
語形変化

sit

動 すわる

▶私は健とマイクの間にすわりました。
I ______ down between Ken and Mike.

✔ Check! 語形変化

put - put - put

▶彼はかばんを机の上に置きました。
He put his bag on the desk.

✔ Check! 語形変化

send - sent - sent

▶私はきのう，彼女にメールを送りました。
I sent an e-mail to her yesterday.

✔ Check! 語形変化

sit - sat - sat

▶私は健とマイクの間にすわりました。
I sat down between Ken and Mike.

✔ Check! 語形変化

bring - brought - brought

▶彼はパーティーに妻を連れてきました。
He brought his wife to the party.

✔ Check! 語形変化

keep - kept - kept

▶彼らはその川をきれいな状態に保ちました。
They kept the river clean.

✔ Check! 語形変化

win - won - won

▶彼女はコンテストで1等賞をとりました。
She won first prize in the contest.

✔ Check! 語形変化

mean - meant - meant

▶私は彼の言おうとしていることがわかりませんでした。
I didn't know what he meant.

✔ Check! 語形変化

begin - began - begun

▶突然，雨が降り始めました。
Suddenly, it began to rain.

✔ Check! 語形変化

swim - swam - swum

▶彼らは川を泳いで渡りました。
They swam across the river.

✔ Check! 語形変化

grow

動 ～を育てる，成長する

▶彼はニューヨークで**育ちました**。
He ______ up in New York.

✔ Check! 語形変化

drink

動 ～を飲む

▶私は今朝，コーヒーを1杯**飲みました**。
I ______ a cup of coffee this morning.

✔ Check! 語形変化

stand

動 立つ

▶ボブは**立ち上がって**，彼女にほほえみました。
Bob ______ up and smiled at her.

✔ Check! 語形変化

build

動 ～を建てる

▶この家は50年前に**建てられ**ました。
This house was ______ fifty years ago.

✔ Check! 語形変化

fly

動 飛ぶ，飛行機で行く

▶彼女はロンドンからパリへ**飛行機で行きました**。
She ______ from London for Paris.

✔ Check! 語形変化

lose

動 ～を失う，～に負ける

▶私は自転車のかぎを**失くして**しまいました。
I've ______ my bike key.

✔ Check! 語形変化

hold

動 ～を手に持つ，～を開催する

▶会議は先週，**開かれ**ました。
The meeting was ______ last week.

✔ Check! 語形変化

sleep

動 眠る

▶私はきのう，10時間**眠りました**。
I ______ for ten hours yesterday.

✔ Check! 語形変化

wear

動 ～を身につけている

▶彼女はきのう，新しいドレス**を着ていました**。
She ______ her new dress yesterday.

✔ Check!
語形変化

stand - stood - stood

▶ボブは立ち上がって，彼女にほほえみました。
Bob stood up and smiled at her.

✔ Check!
語形変化

lose - lost - lost

▶私は自転車のかぎを失くしてしまいました。
I've lost my bike key.

✔ Check!
語形変化

wear - wore - worn

▶彼女はきのう，新しいドレスを着ていました。
She wore her new dress yesterday.

✔ Check!
語形変化

drink - drank - drunk

▶私は今朝，コーヒーを1杯飲みました。
I drank a cup of coffee this morning.

✔ Check!
語形変化

fly - flew - flown

▶彼女はロンドンからパリへ飛行機で行きました。
She flew from London for Paris.

✔ Check!
語形変化

sleep - slept - slept

▶私はきのう，10時間眠りました。
I slept for ten hours yesterday.

✔ Check!
語形変化

grow - grew - grown

▶彼はニューヨークで育ちました。
He grew up in New York.

✔ Check!
語形変化

build - built - built

▶この家は50年前に建てられました。
This house was built fifty years ago.

✔ Check!
語形変化

hold - held - held

▶会議は先週，開かれました。
The meeting was held last week.

✔ Check!
語形変化

fall

動 落ちる

▶その木は風で**倒れました**。
The tree _____ down in the wind.

✔ Check!
語形変化

catch

動 ～をつかまえる

▶私たちはたくさんの魚**をとりました**。
We _____ a lot of fish.

✔ Check!
語形変化

forget

動 ～を忘れる

▶私はかさを持ってくるの**を忘れました**。
I _____ to bring my umbrella.

✔ Check!
語形変化

break

動 ～をこわす，こわれる

▶この窓はだれかに**割られ**ました。
This window was _____ by someone.

✔ Check!
語形変化

hit

動 ～を打つ

▶彼は車に**はねられ**ました。
He was _____ by a car.

✔ Check!
語形変化

choose

動 ～を選ぶ

▶彼女はおもしろい本**を選びました**。
She _____ an interesting book.

✔ Check!
語形変化

sell

動 ～を売る

▶私の父は自分の古い車**を売りました**。
My father _____ his old car.

✔ Check!
語形変化

draw

動 ～を描く，(線)を引く

▶彼女は自分の家までの地図**を描きました**。
She _____ a map to her house.

✔ Check!
語形変化

ride

動 ～に乗る

▶私は公園へ自転車**に乗って行きました**。
I _____ my bike to the park.

✔ Check!
語形変化

forget - forgot - forgotten[forgot]

▶私はかさを持ってくるのを忘れました。
I forgot to bring my umbrella.

✔ Check!
語形変化

catch - caught - caught

▶私たちはたくさんの魚をとりました。
We caught a lot of fish.

✔ Check!
語形変化

fall - fell - fallen

▶その木は風で倒れました。
The tree fell down in the wind.

✔ Check!
語形変化

choose - chose - chosen

▶彼女はおもしろい本を選びました。
She chose an interesting book.

✔ Check!
語形変化

hit - hit - hit

▶彼は車にはねられました。
He was hit by a car.

✔ Check!
語形変化

break - broke - broken

▶この窓はだれかに割られました。
This window was broken by someone.

✔ Check!
語形変化

ride - rode - ridden

▶私は公園へ自転車に乗って行きました。
I rode my bike to the park.

✔ Check!
語形変化

draw - drew - drawn

▶彼女は自分の家までの地図を描きました。
She drew a map to her house.

✔ Check!
語形変化

sell - sold - sold

▶私の父は自分の古い車を売りました。
My father sold his old car.

✔ Check!
語形変化

spend

動 (お金)を使う, (時)を過ごす

▶彼女は服にたくさんのお金を使いました。
She ____ a lot of money on clothes.

✔ Check!
語形変化

drive

動 ～を運転する, 車で行く

▶私の父は職場に車で行きました。
My father ____ to work.

✔ Check!
語形変化

hurt

動 ～を傷つける, 痛む

▶私は彼女がいつ足にけがをしたのか知りません。
I don't know when she ____ her leg.

✔ Check!
語形変化

throw

動 ～を投げる

▶彼は私にボールを投げました。
He ____ a ball to me.

✔ Check!
語形変化

pay

動 ～を支払う

▶私はこのTシャツに15ドルを払いました。
I ____ 15 dollars for this T-shirt.

✔ Check!
語形変化

cut

動 ～を切る

▶毎年，たくさんの木が切り倒されています。
A lot of trees are ____ down every year.

✔ Check!
語形変化

ring

動 鳴る

▶目覚まし時計が6時30分に鳴りました。
The alarm clock ____ at six thirty.

✔ Check!
語形変化

shake

動 ～を振る

▶彼女は首を振りました。
She ____ her head.

✔ Check!
語形変化

rise

動 上がる, (太陽などが)昇る

▶気温は30度まで上がりました。
The temperature ____ to 30 degrees.

✔ Check! 語形変化

hurt - hurt - hurt

▶私は彼女がいつ足にけがをしたのか知りません。
I don't know when she hurt her leg.

✔ Check! 語形変化

drive - drove - driven

▶私の父は職場に車で行きました。
My father drove to work.

✔ Check! 語形変化

spend - spent - spent

▶彼女は服にたくさんのお金を使いました。
She spent a lot of money on clothes.

✔ Check! 語形変化

cut - cut - cut

▶毎年，たくさんの木が切り倒されています。
A lot of trees are cut down every year.

✔ Check! 語形変化

pay - paid - paid

▶私はこのTシャツに15ドルを払いました。
I paid 15 dollars for this T-shirt.

✔ Check! 語形変化

throw - threw - thrown

▶彼は私にボールを投げました。
He threw a ball to me.

✔ Check! 語形変化

rise - rose - risen

▶気温は30度まで上がりました。
The temperature rose to 30 degrees.

✔ Check! 語形変化

shake - shook - shaken

▶彼女は首を振りました。
She shook her head.

✔ Check! 語形変化

ring - rang - rung

▶目覚まし時計が6時30分に鳴りました。
The alarm clock rang at six thirty.

✔ Check! 語形変化

lend

動 ～を貸す

▶彼は私にその本を**貸してくれました**。
He ______ me the book.

✔ Check! 語形変化

many

形 (数えられる名詞が)たくさんの，多数の

▶彼女は私**よりたくさんの**CDを持っています。
She has ______ CDs than I do.

✔ Check! 語形変化

good

形 よい，じょうずな

▶あなたの自転車は私のよりずっと**いい**です。
Your bike is much ______ than mine.

✔ Check! 語形変化

little

形 小さい，少量の《数えられない名詞につく》

▶昨年は例年より雪が**少な**かった。
Last year, we had ______ snow than usual.

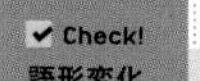

✔ Check! 語形変化

good[well] - better - best

▶あなたの自転車は私のよりずっといいです。
Your bike is much better than mine.

✔ Check! 語形変化

many[much] - more - most

▶彼女は私よりたくさんのCDを持っています。
She has more CDs than I do.

✔ Check! 語形変化

lend - lent - lent

▶彼は私にその本を貸してくれました。
He lent me the book.

✔ Check! 語形変化

little - less - least

▶昨年は例年より雪が少なかった。
Last year, we had less snow than usual.

単語を書いて，自分だけのマイカードを作ろう！